KB123649

마케팅에 속지 않는
똑똑한 소비

마케팅에 속지 않는
똑똑한 소비

신동민 지음

마인드북스

프롤로그_
합리적 소비로 주도적인 소비자 되기

저성장 사회로 진입한 지금과 같은 경제 상황에서 돈을 더 많이 버는 것은 정말 어렵다. 최소한의 생계를 유지하기 위한 돈을 벌기도 어렵다는 한숨이 이곳저곳에서 터져 나온다. 실제 통계청이 발표한 2015년 가계소득 증가율은 0.7%라고 한다. 소득 증가는 거의 없는 반면 가계부채는 1,200조 원에 달하고, 전체 가구의 64.3%가 부채를 지고 있다고 한다. 특히, 20대는 2006~2014년 동안 소득이 16.8% 감소했다. 정말 경제빙하기라 불릴 만하다.

이런 환경에서 돈을 조금이라도 더 벌어 보려는 사람들에게 손짓하는 수많은 재테크, 투자 서적들이 서점의 신간 코너를 가득 메운다. 그런데 그렇게 많은 돈 버는 방법들이 이야기되는데 왜 많은 사람들은 아직 경제적으로 넉넉해지지 못하는 것일까? 돈 버는 방법이 잘못된 것인가? 돈 버는 방법을 제대로 실천하지 못하는 것인가?

일상적인 경제생활은 두 바퀴로 굴러간다. 간단하게 '수입'과 '지출'이라는 두 바퀴이다. 그렇지만 경제적으로 좀 더 여유 있으려고 노력하는 대부분의 사람들의 시선은 온통 한곳으로만 쏠려 있다. 어떻게 하면 쉽게 더 많은 수입을 얻을 수 있을까 하는 생각으로 가득 차 있다. 정작 다른 하나의 바퀴인 지출(소비)에는 관심을 기울이지 않고, 스스로 소비 활동을 현명하게 잘한다고 평가하고 있다. 과연 실제 생활에서 소비를 잘 하고 있을까? 어쩌면 매일 숨 쉬듯이 소비를 하니 마치 스스로가 소비의 전문가인양 착각을 하고 있는 것은 아닐까?

경제학과 마케팅을 전공하고 치열한 전쟁터 같은 기업에서 비즈니스를 운영하는 CEO로 근무하면서, 한편으론 경영학을 공부하는 경영학도로서, 이런 소비와 관련된 문제에 대해 심각한 의문을 품게 되었다. 그리고 일상에서 대화를 하다가 보면 주변 사람들이 소비에 관한 제한된 정보와 지식을 가지고 있다는 점에 안타까움이 많았다.

많은 사람들은 일정한 월급, 연봉을 주 수입으로 삼고 있다. 그렇다면 수입은 별로 변하지 않는다는 의미이다. 아마 변한다고 하더라도 물가 상승률보다 조금 더 오르면 다행일 것이다(실제 최근 실실임금 상승률은 0%에 가깝다). 대부분의 일반인에게는 수입이라는 하나의 바퀴는 어느 정도 정해져 있다. 결국 경제적으로 윤택해지려면 다른 한 축인 소비를 현명하게 하는 방법을 찾아야 한다. 희망적인 것은 소비는 '내가 결정하는 주체'라는 것이다. 즉,

실질임금 상승률은 근로자가 손에 쥐는 명목임금에서 소비자물가 상승분을 뺀 것으로, 실질적인 구매력을 나타낸다.

소비는 수입과는 달리 내가 결정하는 영역이므로 관리가 가능하다는 것이다.

대부분의 사람들은 소비를 잘 하는 방법은 절약하는 것이 최선이라고 생각한다. 그러나 절약에도 방법이 있다. 무작정 절약하는 것이 아니라 현명하고 합리적인 소비를 해야 한다. 경제적으로 도움이 되는 현명한 소비를 하려면 먼저 내가 하고 있는 소비 활동을 이해해야 한다. 엄청나게 고민해서 천 원을 아끼고, 만 원을 가치없게 써 버리는 소비 행위를 주변에서 너무 많이 보고 놀랄 때가 한두 번이 아니다. 더욱더 놀라운 것은 본인이 그렇게 소비한다는 것을 인식하고 있지도 못한다는 것이다.

기업들은 최신 마케팅 기법을 통하여 우리의 지갑을 열려고 엄청난 노력을 하고 있다. 최근에는 각종 심리학 연구까지 적용하여 소비자들의 감정을 자극하고 소비를 유혹하고 있다. 많은 지식과 정보로 무장한 기업들에게 소비자들은 무차별로 소비를 강요당하고 있다. 지극히 정상적이고 일반적으로 인식하고 있는 거래에도 수많은 비밀과 꼼수가 숨어 있다. 심지어 좀 더 많은 수익을 올리기 위해서 소비자들을 속이는 기업들도 있다. 우리는 피와 땀을 흘려서 번 돈을 우리가 원하는 가치를 위해서 사용해야 한다. 그렇게 하기 위해서 우리는 소비의 본질을 알아야 한다.

아울러 우리가 좀 더 소비를 이해한다면 스트레스를 적게 받으면서도 진정으로 원하는 가치를 얻을 수도 있다. 단순히 서로가 먹고 먹히는 정글 같은 경제생활이 아니라 상호 가치를 창출할 수 있는 소비생활도 있다. 이런 소비생활은 착한 소비, 현명한 소비로 태어날 수 있는 것이다.

　이 책에서는 기업과 소비자 양측의 관점에서 보았다. 1장에서는 기업과 소비자 양측이 탐욕으로 인해 정상적으로 작동하지 않는 비이성적인 시장에 대해서 논했다. 물론 항상 누구나 경험하는 현상은 아니지만 시장 원리를 이해하는 데 도움이 될 것이다. 2장에서는 기업의 마케팅에 무차별적으로 노출되어 기업이 일방적으로 이윤을 취하는 사례를 설명했다. 많은 소비자들이 고개를 끄덕일 수 있는 현실적인 사례를 정리했고, 어떻게 속지 않고 내 돈을 제대로 사용할 수 있는지 힌트를 얻을 수 있을 것이다. 3장에서는 기업이나 소비자들이 각자 새로운 방향을 만들어 나가면서, 장기적으로 가치 있는 소비를 만들어 나가는 경우를 소개했다. 마지막으로 4장에서는 모든 사람이 상호 가치를 추구하고 행복한 소비를 위한 방안을 소개했다. 좋은 소비는 행복한 생활의 기본이다. 소비는 우리의 삶을 윤택하게 해 주고 살아가는 데 필수적인 경제활동이다. 이런 기본적인 활동을 제대로 합리적으로 할 수 있다면 행복지수는 당연히 상승할 것이다.

　이 책의 마지막 장을 덮을 때면 독자는 현명한 소비자로 거듭나 있을 것이다. 현명한 소비를 한다는 것은 개인의 경제적 이득을 넘어서, 우리가 살고 있는 공동의 사회에 도움이 되는 방법으로 연결된다. 합리적이고 제대로 된 가치를 구매하는 것은 많은 사람에게 이득이 될 것이다.

　아무쪼록 이 책을 통하여 우리 모두의 경제생활이 좀 더 윤택해졌으면 하는 바람이다. 아울러 어려운 경제 환경하에서도 최선을 다해서 맡은 일을 하고 있는 많은 사람들의 주머니가 넉넉해지기를 소망해 본다.

끝으로 이 책을 쓰는 데 도움을 주신 박현찬 선생님께 감사를 드린다. 항상 열정적으로 통찰력 있는 조언과 흔들리는 방향을 잡아주신 데 무한한 감사를 드린다.

가치 있는 소비를 꿈꾸는
신동민

차 례

돈을 쥔 소비자가 갑이 되는 시장

가치에 눈 뜬 소비자의 반란

Step. 3

가치기반 생산과 소비, 새로운 가치창출, 윤리적인 소비가
가능한 합리적 시장 구조

Win-Win 하는
공급자와 소비자

Step. 4

에필로그_

비정상적인 욕망으로 파멸로 치닫는 시장

욕망으로
얼룩진 시장

1 튤립의 광풍

튤립과 아파트 광풍으로 본 투자와 투기

사랑의 고백이라는 꽃말을 가진 튤립(Tulip)은 원산지가 중국 톈산 산맥 근처로 알려져 있다. 중세 오스만 제국의 역사를 따라서 서쪽으로 이동되어, 터키에서 주로 재배되고 있었다. 튤립은 16세기 다시 상인들에 의해서 유럽으로 전해졌다. 튤립의 아름다운 모습 때문에 식물 애호가들이 선호하는 꽃이었고, 점차 새로운 품종이 더해지면서 튤립은 다양한 모습으로 발달했다. 특히, 단색의 튤립이 개량되어 다양한 색과 독특한 문양을 가지면서 아름다운 튤립 들이 탄생했다. 아름답고 희귀한 품종들은 높은 가격으로 거래되었다.

인기를 더해 가던 튤립은 아름다운 관상용 꽃이 아니라 가격 상승을 기대하며 구매하는 사람들이 나타나면서부터 거래가 변질되기 시작했다. 튤립이 아름다운 꽃의 구근이 아니

튤립 꽃 이름의 유래
꽃 모습이 회교도들이 머리에 두르는 터번(Turban)과 유사하다고 하여 지어진 이름이 튤립이다.

가장 인기 있었던 품종은 돌연변이를 일으킨 보라색과 희색줄무늬를 가진 '셈페르 아우구스투스(Semper Augusus); 영원한 황제'였다고 한다.

14

라 거래 수단으로 변질되면서 거래량이 급격히 늘어나고 관상용 꽃과는 상관이 없던 사람들이 꽃 거래에 참여하게 되었다. 초기에는 귀족들, 식물애호가들 간의 거래에서 점차 상인, 장인, 농민들이 거래에 참여하면서 튤립의 거래량은 엄청난 속도로 늘어났다. 튤립의 전매이익을 얻어 집을 살 정도의 매매차익을 거둔 사람이 나타나자 튤립 거래는 전국적으로 확산된다. 이에 더하여 현물 거래를 넘어서 선물거래까지 이루어지면서 가격 상승과 함께 거래량의 증가는 비정상적으로 치닫게 된다. 거래참여자가 모두 튤립이 관상용 꽃이 아니라 마치 증권이나 채권인 것처럼 투자하면서 꽃으로서의 튤립은 의미가 없어지고 종이 위의 숫자로만 거래가 되었다. 튤립을 샀는데 그 튤립은 꽃이 아니라 종이 위에 숫자로만 존재했던 것이다. 마치 금을 구매했는데 내 통장에 금 500그램이라고 찍힌 것과 마찬가지 상황이 발생했다.

이러한 비정상적인 튤립 거래는 400여 년 전에 튤립의 구근(뿌리) 하나에 1억 6천만 원이라는 상식적으로 이해할 수 없는 가격에 도달하게 했다. 1억 6천만 원, 예전이나 지금이나 꽃의 뿌리 하나 가격으로는 도저히 생각할 수 없는 가격이다. 400여 년 전 화폐 단위를 현재로 환산하는 과정에서 오류가 있을 수 있을지도 모르지만 튤립 구근 하나가 그 당시 숙련된 장인이 1년 동안 벌 수 있는 수입의 10배 정도였다고 하니 상상할 수 없는 엄청난 금액이다.

영원할 것 같았던 튤립의 가격 상승 광풍은 1637년 2월 어느 날 갑자기 시장에서 거래가 중단되면서 막을 내리게 되었다. 누군가의 의도나 지시에 의해서가 아니라, 시장에서 갑자기 구매자가 사라진 것이다. 서로 채권 채무 형태로 무한히 확장할 것 같았던 튤립 거래는 채권 채무만 남긴 채 순간적으로 거래가 정지되었고, 빚을 내어 튤립에 투자했던 사람들은 채무 해소를 위해 투매를 하기 시작했다. 이러한 혼란은 네덜란드 주요 도시로 번지기 시작했으며 급기야 정부는 이런 혼란을 잠재우기 위해서 튤립 거래 중단을 선언하게 되었다. 그 결과 튤립을 팔지 못한 수많은 채무자들은 파산자로 전락했다. 네덜란드 풍경 화가였던 얀 반 고엔(Jan van Goyen)은 튤립 거래에 관심이 없다가, 거래 중단 전날 전 재산을 팔아 튤립에 투자했다. 그리고 그 다음 날 튤립은 폭락하여 전 재산을 날렸다고 한다. 일명 광풍의 끝에 막차를 탄 것이다. 그는 잘못된 투자 한 번으로 19년 동안 물감조차 살 수 없을 정도로 가난에 시달리다 사망했다고 한다. 믿을 수 없는 일이지만 이 사건은 분명히 일어났고 역사에 기록되어 오늘날까지 역사상 최초의 투기 사건으로 전해지고 있다.

그러면 이런 비정상적인 광풍은 왜 일어났을까? 시대적 배경을 보면 당시 네덜란드는 막강한 해군력을 기반으로 동서양의 중개무역을 활발히 하면서 막대한 부를 축적하였다. 현재까지도 널리 알려진 동인도, 서인도 주식회사가 활발히 영역을 넓히던 시절이었다. 당시 네덜란드 국민들은 해외 무역으로 벌어들인 부를 기반으로 사치품에 엄청난 지출을 하기 시작했다. 그런 사치스러운 소비에 튤립이 개입하게 된 것이다. 아름다운 튤립을 좀 더 많은 돈을 주고 즐기는 것은 문제가 없었다. 그러나 어느 순간 사람들은 튤립을 화초로서 미적인 소비의 대상이 아닌 투자의 대상으로 삼기 시작했다. 단기간에 시들어 버리는 꽃을 투자의 대상으로 삼기 시작하면서 문제는 시작되었다고 볼 수 있다. 그러나 그것은 시작에 불과했다. 사람들은 부를 좇아서 서로가 엄청난 거품을 만들어 내었다. 단순한 화초가 사람들의 욕망의 대상이 되면서 이런 몰락은 예견된 것이었다.

네덜란드는 400년 전 엄청난 튤립 파동을 겪었지만 튤립을 네덜란드 국화로 선정하고 있다. 또한, 역설적으로 네덜란드는 현재 세계 최고의 화훼 수출국이다. 네덜란드가 수출하는 꽃의 양은 세계 화훼 수출량의 45%를 차지할 정도로 절대적이다. 그리고 나라 면적이 한국의 절반에 불과하고 인구가 1,600만 명에 불과하지만 네덜란드는 세계 2위의 농식품 수출국으로, 1인당 국민소득이 47,000달러에 달한다. 이런 상황을 아픔 뒤의 전화위복이라고 해야 할 것 같다.

400년 전의 이야기를 들으면서 우리는 그런 튤립 광풍을 정신 나간 옛날 이야기 중의 하나로 생각할 수도 있다. 그렇지만 안타깝게도 현대에도 우리는 이런 일들을 경험하고 있다. 17세기의 네덜란드 사람들처럼 우리도 수익이 나는 곳에 돈을 투자한다는 단순한 생각을 했을 뿐이었지만, 2000년대 전 세계에 몰아닥쳤던 부동산 투자 열풍은 많은 후유증을 남겼다. 한국에서도 하우스푸어라는 신조어를 낳은 부동산 투기 열풍도 정도의 차이만 있었을 뿐 거품의 생성과 몰락 과정은 튤립 광풍과 유사한 과정을 겪었다. 튤립의 거래가 중단되고 폭락한 후에 튤립의 증서를 가진 사람들은 자신들이 파산했다는 것을 알았던 것처럼, 집을 사 줄 구매자가 더는 없어졌을 때 그들은 파산에 임박했다는 것을 깨달았다.

　사람들은 본인이 한 것은 모두 적절한 투자라고 생각한다. 그러면서 주변의 사람들이 돈을 번 것은 쉽게 투기라고 이야기한다. 내가 하면 로맨스이고 남이 하면 불륜이라는 해석처럼 들린다. 사실 투자와 투기의 차이는 상황에 따라서 다르게 보일 수 있다. 통상적인 이용 가치에 합리적인 수익을 기대하고 자본을 투입한 것은 수익의 많고 적음을 떠나서 투자라고 규정한다. 예를 들어, 월 임대료 수익을 받기 위해서 상가 점포를 매입했는데, 그 지역의 부동산 가격이 올라 큰 시세 차익을 올렸다는 이유로 이것을 투기라 단정하지는 않는다.

　그러나 작은 아파트라도 시세 차익을 얻기 위해서 아파트 전세금과 은행의 융자금으로 매입을 했다면 수익의 결과에 상관없이 이것은 명백한 투기라고 볼 수 있다. 매입 당시에 임대수익이나 기타 사용 수익을 고려하지 않고 단기간 전매수익을 목표로 했기 때문이다. 한국에서는 부동산이 대표적인 투기 상품으로 거론된다. 우리나라는 1960년대 도시화 과정에서 주택난을 겪으면서 집에 대한 선호와 더불어 수차례의 부동산 파동을 겪었다. 아직도 많은 사람들은 주거를 위한 주택을 구매하는 것이 아니라 소위 한방 투자 수익을 노리는 투기를 생각한다. 부동산 거품의 고점을 지난 지금도 달콤한 투자의 기회로 포장된 투기에 목을 매고 있다. 아마 우리나라처럼 각종 일간지에 부동산 광고가 많이 실리는 나라도 많지 않을 것이다. 주거의 용도가 아니라 매매차익을 위해서 거품으로 이루어진 콘크리트 덩어리가 천문학적인 금액으로 거래되고 있는 것이다.

서울의 아파트 가격은 세계 주요 도시의 주택 평균 가격을 넘어선 지 오래되었다. 어떤 부동산 업자들은 서울의 아파트 가격을 뉴욕이나 도쿄에 비교하면서 아직도 싸기 때문에 가격이 더 상승할 것이라는 의견을 내놓는다. 이런 전망이 달콤하게 들리는 이유는 과연 무엇일까? 많은 사람들이 이러한 선동을 합리적인 분석이라고 이야기할 때 문제의 심각성이 잉태되는 것이다. 서울에서 최고가로 거래된 아파트는 평당 1억이 넘는다. 땅값을 제외한 아파트 평균 건축비가 550만 원인 것을 고려한다면 엄청난 차액이고, 건축비를 제외한 나머지 9,500만 원이라는 가격은 무엇을 나타내는지 진지하게 생각을 해 보아야 한다. 한편 서울 시내의 중심 강남 A급 오피스 빌딩이 평당 2,000~2,500만 원 정도에 거래된다. 같은 도시의 최고급 오피스 빌딩보다 5배나 비싼 아파트가 존재하는 것이다. 최고가 아파트가 아니라도 서울 도심의 아파트는 A급 오피스 빌딩 가격의 두 배가 훌쩍 넘어간다. 수익률 면에서 비교가 되지 않는 투자가 이루어지고 있는 것이다.

　시장경제를 기반으로 한 자본주의 사회에서는 모든 물건의 가치는 기본적으로 수요와 공급에 의해서 결정된다. 그리고 시장참여자인 수요자, 공급자 모두 합리적이라는 기본 가정을 하고 있다. 그러나 튤립 파동에서 보듯이 모두가 항상 합리적이지는 않다. 항상 인간의 욕심이 존재하게 되고 종종 욕심은 인간의 합리성을 해치기도 한다. 상품의 기본적인 사용 가치를 넘어서서 새로운 허상의 가치가 창출될 때 위험이 잉태되는 것이다. 그러나 거품은 꺼진다는 정설을 생각하면 기본 사용 가치를 지나치게 넘어서는 비정상적인 가격의 형성은 합리적인 가격으로 회귀하게 되어 있다. 결국 인간의 판단은 합리성과 비합리성을 넘나들지만 합리적 진영에 머무를 때가 더 많다. 그러나 순간적인 비합리성이 치명적인 결과를 가져오기도 한다. 튤립 파동의 막바지에 뛰어들어 현금화하지 못하고 파산하여 평생을 고통스럽게 살아가는 사람들이 머나먼 400년 전의 사례만은 아니다.

2 중독은 왜 비싼가
거래비용과 가격

　한 외국인이 비행기에서 숨진 채 발견되었다. 그는 페루인이었고, LA에서 서울로 오는 비행기에 탑승 중 사망했다. 사고 원인을 파악하기 위해서 부검을 한 결과 놀라운 사실이 발견되었다. 숨진 페루인의 위장에서 콘돔으로 포장된 코카인 덩어리 115개가 발견되었다. 발견된 코카인은 900그램 정도로 3만 명이 투약할 수 있는 엄청난 양의 마약이었다. 경찰은 코카인 덩어리 중 몇 개가 위산에 녹으면서 다량의 마약이 위장에 흡수되어 쇼크로 사망한 것으로 파악하고 있다. 이런 사건 이외에도 마약 운반과 관련된 기상천외한 사건은 뉴스의 단골 토픽으로 나온다. 그러면 왜 이런 위험을 감수하면서까지 마약을 운반할까? 마약 운반이 죽음을 감수할 만큼 경제적 이익이 있다는 것인가?

　우리가 비싼 것을 비유할 때 빠지지 않고 거론되는 것이 금이다. 세계 통화의 기준이 될 정도로 기본이 되는 것이 금이니 높은 가격으로 거래되는 것은 당연하다. 물론 귀금속 중에서 금보다도 비싼 것은 다이아몬드이다. 그렇지만 다이아몬드에 버금가는 고가품에 마약류가 위치하고 있다. 마약 중에서 헤로인은 양귀비에서 얻은 모르핀을 정제해 만드는 전통적인 마약이다. 약효가 빠르고 강한 중독성을 갖기 때문에 코카인, 필로폰과 함께 마약의 대표 3인 방이라 할 수 있다. 유엔마약범죄사무소(UNODC)에 따르면 헤로인은 세계적으로 연간 430~450톤이 거래된다고 한다. 세계적으로 1g에 110달러 정도 시세로 거래된다고 하니 엄청난 금액이 거래되는 것이다. 헤로인 다음으로 비싸게 거래되는 것은 메스암페타민이다. 정식 명칭은 생소하지만 우리나라에서는 히로뽕이라 불리는데 필로폰으로 잘 알려진 마약이다. 그리고 1g당 600달러나 하는 코카인 마약이 있는데 코카나무 잎에서 추출한 마약성 진통제이다. 지금은 사용이 중단되었지만 초창기 코카콜라에 들어 있던 코카인도 이것의 일종이었다. 마약 중에서 가장 비싼 것은 리세르그산 디에틸아미드(LSD)로 1g에 3,000달러 정도 한다. 마약의 가격은 나라별로, 종류별로 천차만별이다. 그런데 마약 원가의 대부분이 마약 그 자체의 가격이라기보다는 위험을 동반한 거래 비용이라고 보아야 한다. 생산, 유통 그리고 소비까지 모두 불법이니 엄청난 위험 부담을 안고 거래를 해야 한다. 위험 부담으로 인해서 가격은 자연히 올라갈 수밖에 없다. 그래서 마약 거래에는 항상 마피아나 조직폭력배가 배후에 존재하게 된다. 막강한 자금력과 조직력이 필요하여 조직을 통하여 관리하고 관련된 비용은 모두 마약 가격에 더해진다. 마약을 사는 중독자들은 마피아 조직원의 월급을 내고 있는 것이다.

마약을 거래하는 데 비용이 높지 않다면 마약 가격은 현저히 낮아질 것이다. 의료용으로 사용되는 마약성 진통제의 가격을 보면 쉽게 이해할 수 있다. 그렇다면 무엇이 마약의 가격에 가장 많은 영향을 미칠까? 사실 마약 가격의 이면에는 보이지 않는 사회적 비용이 숨겨져 있다. 마약을 단속하기 위해서 관세청, 경찰, 검찰 등 수많은 기관들이 엄청난 비용을 들여서 마약의 유통 및 사용을 규제, 단속하고 있다. 단속을 심하게 하면 할수록 마약 거래는 어려워지고 마약의 가격은 더 올라 간다. 마약의 가격은 얼마나 손쉽게 마약을 구입할 수 있는가에 달려 있다고 볼 수 있다.

　미국에서 1914년 코카인을 불법으로 규정하기 전까지는 시장에서 코카인을 사고팔았다. 마약이 불법화되었다고 당장 마약의 수요가 줄어들었다는 근거는 별로 없다. 단지 단속과 처벌이 심해지면서 가격은 수직 상승했다. 그와 더불어 단속과 처벌을 위한 사회적 비용도 덩달아 증가했다. 정부의 단속이 심해질수록 가격은 상승한다. 정부가 투입하는 비용이 많아지면 마약의 가격도 올라가는 셈이다. 그러면 마약중독자들은 더 높은 가격을 내야 하고 심지어 마약 비용을 만들기 위해서 범죄에 가담하기도 하고, 위험한 마약 거래를 하는 마약 조직도 나타난다. 마약의 가격은 이런 다양한 상황들을 포함하고 있는 것이다. 이런 복잡한 구조에 관련된 모든 비용은 결국 일차적으로 마약 중독자들이 내고 나머지는 사회적 비용으로 남게 된다. 그러면 우리는 천문학적인 비용을 들여서 마약을 규제 단속해야 하는가? 우리나라에서는 2013년도 1년 동안 685명의 마약 사범이 검거되어 28명이 구속되었다.[*]
이런 엄청난 사회적 비용을 지출하는 것이 충

* 대검찰청 마약동향 자료(2013).

분한 경제적 가치가 있는 것인가를 생각해 보아야 하고 사회적 가치와 경제적 가치를 동시에 고려해야 한다.

마약과 함께 중독성이 강한 담배는 어떤가? 담배의 중독성 그리고 유해성은 이미 널리 알려져 있다. 최근 정부가 추진 중인 담뱃값 인상 안에서 정부는 흡연율을 낮추기 위해서 담뱃값을 올린다고 했는데, 그러면 담뱃값을 올리면 담배를 피우는 사람들이 감소할 것인가? 통계를 보면 담배의 가격에 대한 수요 탄력성은 낮다고 나온다. 즉, 가격이 두 배로 올라도 정작 흡연 인구가 절반으로 감소하지 않아 기대한 효과만큼 나타나지 않는다는 것이다. 그렇다면 담뱃값을 올려서 흡연을 통제하는 것은 상당히 비효율적인 방법이다. 오히려 금연이라는 원래의 목적을 달성하려면 마약처럼 제조, 판매 자체를 규제하는 것이 흡연을 원천적으로 방지하는 것이 아닐까?

담배를 마약처럼 규제하고 유통을 방지하면 어떤 일이 벌어질 것인가? 아마도 불법적인 담배의 유통으로 담뱃값은 폭등할 것이고, 그러면 많은 업자들은 담배 밀수를 시도할 것이다. 정부의 단속이 느슨하다면 담배 밀수량이 엄청나게 늘어날 것이고, 정부의 단속이 마약과 같이 강력하다면 위험을 부담하고 밀수하는 업자들은 상상하기 힘든 가격으로 담뱃값을 올릴 것이다. 그렇게 되면 현재 정부에서 부과하고 있는 담배에 대한 세금 수입은 없어지게 되고, 담배를 규제하기 위한 단속 비용은 엄청나게 늘어날 것이다. 즉, 세금 수입은 줄어들고 비용은 늘어나는 것이다. 정부도 이런 결과를 원하지는 않을 것이다. 결국 정부는 금연을 강조하고 있지만 자발적인 금연을 원하는 것이지 많은 비용을 감수하고서라도 담배를 근본적으로 방지하겠다는 의지는 없다고 보아야 한다.

　최근 담뱃값 인상 발표와 그 분석에 따르면 정부는 한 갑에 2,000원을 인상해서 2조 8,000억 원의 세수*가 증가할 것으로 기대했다. 세금 수입을 위한 담뱃값 인상인지 국민 건강을 위해서 금연을 유도하기 위한 담뱃값 인상인지는 분별하기 어렵다. 명확한 것은 흡연

2015년 담배 세수 증가는 3조 5,608억 원이었다.

자들은 한 갑에 2,000원의 가격을 더 내야 한다. 일부 금연자를 제외하면 중독에 대한 비용을 톡톡히 치르고 있는 것이다. 정부는 중독을 볼모로 독점적인 가격 권한을 휘두르는 것이다. 일반적인 제품의 경우라면 고객들은 이런 경우 다른 대체제를 찾겠지만 담배는 세금이 일괄 부과되고 중독성이 있어서 다른 대체제로 옮겨 가는 것은 어려워 보인다. 중독의 높은 비용이다.

　미국 일부 주에서는 최근 마약으로 분류되었던 대마초 판매를 허용했다. 허용된 대마초는 의료용, 오락용 대마초로 분류되지만 결국 성분 자체는 같은 대마초이다. 대마초를 금지하기 위해서 사용되는 비용도 엄청난 부담이고 대마초는 상대적으로 중독성도 약하고 타인에게 피해를 끼치지 않는다는 명분으로 대마초를 허용하는 미국 내 주정부들이 늘어나고 있다. 물론 미국에서도 격렬한 찬반 논쟁을 벌이고 있지만, 결국 경제적으로 본다면 분명 이득일 것이라 판단하여 허용 쪽으로 돌아선 것이다. 담배와 같이 대마초 거래로 합법적인 세금을 거두어들일 수 있고, 대마초 단속에 들어가는 엄청난 비용을 줄일 수 있다.

　미연방수사국(FBI) 통계에 따르면 2012년 마리화나(대마초) 소지

혐의로 체포된 경우가 65만 8,000건이라고 한다. 매년 엄청난 수의 범죄자가 양산되고 있다. 그런데 대다수의 대마초 흡연자들은 다른 사람에게 피해를 끼친 적이 없는데, 대마초를 소지 또는 흡연하였다고 범죄자가 되는 것이다. 이런 사회적인 가치와 경제적 가치를 기본으로 하는 논쟁은 무수히 많이 일어났다.

미국이나 우리나라의 금주법도 비슷한 사회적 작용을 했다. 미국에서 1920년에 전면적인 금주법이 시행되자 밀주를 제조하는 시설이 늘어나고 정부는 단속을 하기 위해서 많은 인력을 투입하였다. 그러나 금주법과 관련된 부작용들, 술 밀수, 밀매, 무허가 술집, 술 밀매 조직의 발생, 저급 술의 유통 등등 모든 부작용은 13년 만에 금주법 폐지로 막을 내리게 되었다. 아마 정부 입장에서는 단속과 관리에 들어가는 엄청난 비용 부담과 주세 수입이라는 것을 놓칠 수가 없었던 것도 한 이유였을 것이다. 국가가 힘으로 인간의 기본적인 욕망을 통제할 수 있다는 어리석은 생각은 막을 내렸다.

또 다른 사례는 도박이다. 우리나라에서는 내국인은 기본적으로 카지노에 입장할 수가 없다. 강원랜드만 내국인에게 허용된 유일한 카지노이다. 그래서 수많은 한국 사람들이 필리핀이나 마카오로 도박을 하기 위해서 원정을 간다. 반면, 중국인들은 한국으로 도박 원정을 온다. 규제는 비용을 발생시키고 비정상적인 가격 구조를 만들어 놓는다는 것은 많은 사례에서 증명되었다. 일본에서는 대로변에 엄청나게 많은 수의 빠칭코가 영업을 하고 있는데, 한국에서는 이런 시설 자체가 모두 불법이다. 그래서 불법 도박장들은 법규와 단속을 피해서 지하로 숨어든다. 그리고 불법 아래에서 또 다른 변칙과 불법이 발생한다. 정부는 이를 단속하고 처벌하기 위해서 총력을 기울인다. 그러면 도박성이 비슷한 경마는 왜 정부가 운영을 하는가? 경마와 빠칭코가 기본적으로 무엇이 다른지를 정확히 정의하지 않는다면 우리는 우리도 모르는 사회적 비용을 치러야 한다.

* 우리나라의 사행성 산업: 2013년 순매출 8조 4,000억 원(경마, 카지노, 복권 등), 국내총생산(GDP)의 0.6%

  결국 무엇이든지 정부가 강제 규정으로 금지하고 있는 것은 높은 비용을 발생시킨다. 그 비용은 고스란히 높은 가격으로 전가된다. 소비자들은 중독에 엄청난 비용을 높은 가격으로 치르고, 규제하는 당국 또한 엄청난 비용을 지출한다. 무엇을 규제할 것인가에 대한 정확한 인식이 필요하다. 역사적으로 정부가 인간의 욕망을 통제하려고 해서 성공한 적은 없었다. 욕구를 비용을 들여서 통제할 수는 있어도 영원히 제거할 수는 없는 것이다. 우리가 살아가는 데 욕망과 가격 구조를 이해하는 것은 경제생활의 기본이 된다. 그리고 어떤 대상이던 합리적인 이성이 욕망에 사로잡히는 순간 높은 비용이 발생한다. 합리적인 소비는 나의 욕망을 이해하는 것으로부터 출발한다.

3 탐욕을 파는 다단계 판매
가치를 기본으로 한 합리적인 가격

    회사원인 김 대리는 예전의 직장 동료 박 대리로부터 전화를 받고 고민에 빠졌다. 이미 다른 동료들로부터 박 대리가 다단계 판매를 한다고 들었기 때문이다. 무슨 물건을 팔고 있는지, 어떤 영업을 하고 있는지는 모르지만 부담을 지울 수가 없다. 피할 수 있으면 피하고 싶은데 그러기도 쉽지 않고 고민이다. 그런데 막상 생각해 보니 다단계 판매에 대해서 별로 아는 것이 없어 법규를 찾아보았다. 놀랍게도 우리나라에는 다단계 사업에 대해서 법률에 상세하게 기술되어 있었다. 다단계 판매는 '방문판매 등에 관한 법률'에 정의되

  방문판매 등에 관한 법률 제2조 5항 '다단계판매'라 함은 판매업자가 특정인에게 다음 각목의 활동을 하면 일정한 이익(다단계판매에 있어서 다단계판매원이 소비자에게 재화 등을 판매하여 얻는 소매이익과 다단계판매업자가 그 다단계판매원에게 지급하는 후원수당을 말한다. 이하 같다)을 얻을 수 있다고 권유하여 판매원의 가입이 단계적(판매조직에 가입한 판매원의 단계가 3단계 이상인 경우를 말한다)으로 이루어지는 다단계판매조직(판매조직에 가입한 판매원의 단계가 2단계 이하인 판매조직 중 사실상 3단계 이상인 판매조직으로 관리·운영되는 경우로서 대통령령이 정하는 판매조직을 포함한다)을 통하여 재화 등을 판매하는 것을 말한다.

어 있다. 다단계 판매의 핵심은 소비자가 하위 판매원으로 가입하도록 하여, 그 하위 판매원이 동일한 판매 활동을 하는 것으로 규정되어 있다. 다단계 판매 자체는 일종의 마케팅, 판매 방식으로 이해되었다. 법규에 의하면 전혀 복잡하지도 않고 불법성도 없었다.

인터넷을 찾아보니 다단계 판매 정보가 엄청나게 많이 나와 있었다. 그중에서도 놀랄 만한 내용은 20년 전 한국에 진출한 미국계 다단계 판매 업체인 한국암웨이는 매출액이 1조 원(2013년도 기준)이나 되었고, 한국에서 가입자 수가 백만 명이 넘었다. 1위인 암웨이 이외에도 수십만 명의 회원을 거느리고, 수천억의 매출을 올리는 다단계 업체 여러 회사가 공식적으로 공정거래위원회에 등록되어 있었다. 이들 업체들의 특징은 주로 소비재를 유통하는 업체로서 사용자들의 긍정적인 입소문을 통해서 판매를 확대하는 공통점이 있었다. 다단계 업체들은 판매원들이 유통 채널이므로 이들의 판매수당은 일종의 유통비용이라 할 수 있다. 판매자이면서 소비자이기도 한 그들은 그들만의 소비 집단이 되는 것이다. 무척 놀라운 사실은 다단계에 가입한 회원 수가 공식적으로 우리나라에 470만 명이나 된다는 것이다. 그러면 우리나라 국민 10명 중에 한 명은 다단계 판매의 회원인 셈이다. 경제활동인구만 비교해 보면 다섯 명 중의 한 명은 다단계 회원인 셈이다.

김 대리는 기존에 갖고 있던 다단계 판매에 대한 선입견과는 상당히 다른 정보를 보고 혼란스러워졌다. 이렇게 공식적으로 다단계 회사들이 영업을 하고 있는데 왜 모두들 다단계라고 하면 부정적인 이미지로 거리를 두려고 하는지 이해가 안 되었다. 신문기사들을 보면 정상적인 판매를 하는 다단계 판매회사에 대한 기사보다는 일부 악덕업자들이 다단계 판매 구조를 악용하여 부당이득을 취하는 것이 사회적인 문제가 되고 있다는 내용이 많이 보도되었다. 특히, 경제 지식이나 경험이 부족한 노인들 그리고 사회초년생들을 고수익, 취업 등으로 유인하여 큰 문제가 되기도 한다고 했다.

다단계 금융 판매를 이야기할 때마다 단골로 등장하는 오래된 사례가 있다. 1900년대 초 미국의 폰지 사기(Ponzi Scheme)이다. 찰스 폰지(Charles Ponzi, 1882~1949)는 전대미문의 금융 다단계 사기 사건을 일으켜 미국에서는 폰지와 사기는 동의어로 사용될 만큼 사기의 대명사가 되었다.

이탈리아 출신인 폰지는 로마에서 대학을 퇴학당한 뒤 1903년 미국으로 건너갔다. 젊은 나이에 모든 돈을 탕진하고 보스턴에 도착했을 땐 빈털터리였다. 그 이후에도 폰지는 하는 사업마다 실패를 하고 어려운 생활을 해 나가고 있었는데, 어느 날 스페인의 한 회사로부터 편지 한 통을 받았다. 그 편지에는 국제우표반신권(IRC)이 들어 있었는데 IRC는 만국우편연합(UPU) 가입국 어디서나 우표로 교환해 답장을 할 수 있는 쿠폰이었다. 폰지는 우표 가격이 나라마다 다르다는 점을 발견하고, 이를 통해 매매 차액을 얻으려고 했다. 당시 이런 발견은 획기적이었다. 로마에서 66IRC는 1달러였지만 보스턴에서는 3.3달러에 달했다. 만약 국제우표반신권을 로마에서 구입해서 미국에서 판다면 몇 배의 차익을 얻을 수 있었다. 여기까지는 지역마다 다른 시세 차익을 이용한 합법적인 투자였다.

그러나 폰지는 이런 차액 수익에 만족하지 않고 회사를 차려서 투자자를 모집하기 시작했다. 자본이 없었던 이유로 주변 사람들에게 90일 후에 50% 이익을 돌려주겠다고 유인하여 엄청난 자금을 모았다. 기록을 보면 4만 명이 1,500만 달러를 투자했다고 한다. 현재의 가치로 본다면 1,500억 원이 넘는 액수이다. 아마 폰지 본인도 그렇게 많은 자금이 몰려오는 데 놀랐을 것이다.

폰지는 이에 고무되었고 투자자로부터 받은 엄청난 돈으로 저택을 사고, 자동차를 구매하고 은행과 기업에 투자했다. 엄청난 투자 수익을 올리는 기업가처럼 행동한 것이다. 그러나 폰지는 곧 문제에 부딪히게 된다. 그가 거래하고 있던 국제우표반신권의 발행 수와 유통량이 너무나 적어서 투자를 위한 충분한 유동성이 확보되지 않은 것이다. 그래서 그가 한 선택은 새로운 투자자를 끌어들여 신규로 받은 투자금으로 기존 투자자에게 수익금을 주는 방법으로 운영을 했다. 일명 돌려막기 식 투자 기법이다. 이 방법은 투자자가 무한대로 늘어나지 않으면 유지가 되지 않는 방법이었다. 하지만 사람들은 존재하지도 않은 국제우표반신권에 90일 동안 50% 이익이라는 환상을 보고 미친 듯이 자금을 투자한 것이다.

우리나라에서도 심심치 않게 일어나는 다단계 금융 사기 사건의 원조 형태이다. 고수익을 약속하면서 초기 자금을 끌어들여 일정 기간 동안 보장한 높은 배당금을 돌려주다가 잠적해 버리는 것이다. 새로운 투자자가 납입한 투자금으로 기존의 투자자에게 약속한 이익을 지급하지 않으면 유지될 수 없는 구조이다. 신규 투자 유치금이 기존 투자자의 수익금을 지급하지 못하면 이런 돌려막기는 결국 끝나는 것이다. 가장 나중에 투자한 사람이 가장 많은 손실을 보는 구조이다. 100년 전에 일어났던 사기 사건이 현재도 유사한 형태로 일어나고 있는 것이다.

　최근 국내에서 가장 이슈가 된 유사한 사례는 고가의 의료기기 대여 사업을 미끼로 4조 원의 금융 사기 사건을 일으킨 일명 '조희팔 사건'이다. 렌털 사업으로 위장했지만 연 35%의 이자를 내세워 5만 명을 끌어들인 희대의 금융 사기 사건이다. 다단계의 방법으로 신규 투자자금을 끌어들였다. 신규 투자자로부터 자금을 끌어와 기존 투자자에게 수익금을 지급하는 방법으로 운영되는 전형적인 사기 수법이다. 그 이후 신규 투자 유치금으로 기존 투자자에게 약속한 이익을 돌려주지 못하는 예정된 수순으로 파산을 했고, 결국 주범은 중국으로 도피행각을 벌였다. 투자수익금에 순간적으로 현혹된 사람들이 4조 원이라는 돈을 공중에 날려 버렸다.

　그런데 세계경제위기가 닥친 2008년에는 세계적인 금융기관들이 이와 유사한 금융 다단계 사기 사건에 휘말리게 되어 충격을 주었다. 세계 3위 은행인 HSBC, 유럽 최대 은행인 스페인의 방코 산탄데르, 프랑스 최대 은행 BNP파리바 은행 등 세계적인 금융기관이 65조 원에 달하는 최대의 금융 사기 사건의 피해자가 된 것이다. 사기의 주범인 버나드 매도프(Bernard Madoff)는 전 나스닥 증권거래위원회 위원장이었다. 그의 경력을 고려하면 전 세계가 경악한 것은 당연한 일이다. 매도프는 이름난 유대인 금융인으로 금융시장에서 높은 평판을 얻고 있었다. 그는 엄청난 자선활동을 하는 것처럼 행세하면서 명성을 쌓았지만, 결국 그가 행했던 수법은 다른 금융 사기 사건과 다르지 않았다. 단지 그는 금융권에서 명성이 있었고,

통상의 금융권에서 제시하는 수익보다는 좀 더 높게 제시하면서 금융사기꾼들이 제시하는 터무니없는 이익률보다는 낮은 이익률을 지속적으로 지급했다. 이런 방식으로 대형 금융기관조차도 이 금융 사기 사건에 휘말리게 된 것이다. 매도프는 이 사기 투자 사건으로 결국 150년 형의 판결을 받았다. 그러나 투자자들의 돈은 이미 어디론가 사라져 버린 뒤였다.

이렇게 시간이 흘러도 폰지와 유사한 금융 다단계 사기 사건이 지속적으로 일어나는 것은 상식적으로는 이해가 되지 않는다. 어떻게 일반인도 아닌 세계에서 손꼽히는 금융기관들이 이런 뻔한 수법의 사기 사건에 피해자가 될 수 있다는 말인가?

2000년대에 들어서면서 금융계에서 투자은행을 내세워 다양한 파생상품을 개발하였다. 금융권들이 이런 파생상품을 주 수익원으로 삼으면서 이러한 투자위험성은 점점 확대되었다. 현재 우리가 금융기관에 투자를 한 것이 우리도 모르는 사이에 일종의 다단계 투자처로 흘러갈 가능성이 높아진 것이다. 이는 매도프 사기 사건에서 여실히 증명되었다. 엄밀히 말하면 투자자 자신은 도대체 무엇에 투자를 했는지 모르고 있는 것이다. 그 말은 결국 투자한 대상의 가치와 상관없이 나의 돈을 투입했다는 이야기이다. 어디서 수익이 나오는지 투자금이 어디에 있는지조차 모르고 있는 것이다. 우리는 파생상품에 투자하는 것을 막연히 고수익 투자 상품이라고 믿고 있었던 것이다. 내가 투자한 돈이 폰지의 국제우표반신권 투자는 아닌지 다시 확인해 보아야 한다. 단지 그것이 국제우표반신권이 아닌 지구 반대편의 유전, 보석, 금광 등으로 포장되어 있을 가능성이 있는 것이다.

돈의 가격은 이자율 또는 수익률로 표시된다고 경제학 원론에 기술되어 있다. 그런데 제시된 가격이 과도하다면 우리는 당연히 합리적 의심을 해 봐야 한다. 나는 합리적이고 이런 일에 전혀 개입될 것 같지 않지만 결정의 순간이 왔을 때 많은 사람들이 탐욕에 이끌려 비합리적인 투자 결정을 내리게 된다. 이미 우리는 막강한 정보를 가진 대형 금융기관도 터무니없는 결정을 내리는 것을 보았다.

경제와 금융상품 구조가 복잡해질수록 고려해야 할 변수가 많아진다. 다단계 사기의 대상은 엄청나게 빠른 속도로 확장되고 있다. 상품권, 온라인 티켓, 생활용품 등 1900년대 폰지의 우표처럼 새로운 대상으로 나타나 우리를 혼란스럽게 한다. 시대와 환경이 아무리 바뀌어도 결국 가격과 가치의 구조는 변하지 않는다. 가격은 제품의 가치로부터 산정되는 것이 가장 정상적이고 안전한 방법인 것이다. 그래서 사기 사건의 대상을 보면 가격 비교가 어려운 고가품을 내세우거나 무형의 제품을 주로 대상으로 삼는다. 소비자 자신이 건전한 합리성을 가지고 판단을 해야 한다. 특히 실체가 없는 대상에 대한 투자와 소비는 신중을 기해야 한다. 통신의 발달로 우리는 클릭 한 번으로 인터넷을 통해 전 세계의 모든 것을 구매할 수 있고 투자를 할 수 있다. 이런 편리함 이면에는 투자의 위험이 상당히 도사리고 있다는 점도 기억해야 한다. 터무니없는 탐욕에 흔들리지 않는 합리적 판단이 요구되는 시장 환경에 살고 있다.

4 나도 따라 미쳐야 하는가

부동산 광풍

주위의 대부분 사람들이 미친 행동을 한다면 나는 어떻게 해야 할까? 따라 미쳐야 하는가 아니면 그건 미친 짓이라고 목소리를 내서 외쳐야 하는가? 부동산에 몰아친 광풍을 보면 사실 어느 방향이 맞는지 정확하게 답변하기 어렵다. 왜냐하면 분명 정신 나간 짓 같은데 가만히 있자니 손해를 보는 것 같고, 따라 하자니 제정신이 아닌 것 같고 어려운 선택을 해야 한다. 이런 상황은 버블(거품) 시기에 나타나는 전형적인 혼란이다. 이런 이유로 경제학에서 버블(Bubble)이라고 불리는 시기에는 보통사람들이 정신적으로 가장 혼란스러운 시간을 보내게 된다.

버블은 특정 자산의 시장가격이 자산이 가진 내재가치(원래 가치)보다 과대평가되어 장기간 지속되는 현상을 말하며, 경제학에서 말하는 시장의 실패의 대표적인 경우이다. 사람들을 혼란스럽게 만드는 버블도 분명한 속성을 가지고 있다. 그중에서도 가장 확실한 것은 언젠가는 터진다는 것이다. 어린아이들이 비눗방울 거품을 만들 때 보통보다 더 큰 방울이 만들어지면 기뻐하지만 점점 커지다가 결국 터지고 만다. 언젠가는 터지는 것이 비눗방울의 실체이다. 사실 경제에서 나타나는 버블도 이 비눗방울과 같은 운명이다.

세계적으로 거품(버블)은 일정 시기를 두고 지속적으로 일어났다. 1630년대 네덜란드의 튤립 파동, 1720년대의 영국에서 일어난 남해 거품, 1920년대 말 미국의 대공황 직전의 거품, 1980년대 일본의 부동산 거품 등이 있었다. 최근 2008년의 미국의 서브프라임 모기지 사태(subprime mortgage crisis)가 터지기 직전에도 엄청난 거품이 있었다. 예전의 거품들은 우리와 별 상관이 없이 지나갔지만, 2008년 서브프라임 모기지 사건으로 터진 거품은 태평양을 건너 우리에게도 많은 상처를 주었다. 이런 역사적 사실들은 이미 많이 알려져 있고 논의가 충분히 되었다. 결과적으로 보면 엄청난 피해

남해 거품 사건(South Sea Bubble)

1720년 봄부터 가을에 걸쳐 영국에서 일어난 투기 과열 열풍에 의한 주가 급등과 급락 및 연속적인 혼란을 가리킨다. 남해 회사는 1711년 영국의 공공부채를 정리하기 위해 설립되었다. 남해 회사는 영국 정부 부채의 일부를 인수하고, 노예무역 등을 통해 이익을 얻어 정부부채를 갚으려고 했다. 그런데 이 사업이 해난 사고 등으로 실패하면서 영국 국채와 자기 회사 주식을 교환해 주는 편법을 통해 사업을 영위했다. 이 과정에서 남해 회사 주가도 폭등했다. 1720년 1월 100파운드였던 주식이 5월에 700파운드가 되더니 6월 말에 이르러서는 1,050파운드까지 치솟았다. 과학자로 유명한 뉴턴도 이때 약 7,000파운드란 거금을 벌었다고 한다. 이와 같은 비이성적 투기 열풍은 영국 정부가 규제에 나서면서 끝났다. 많은 사람들이 파산하고 자살을 택한 이들도 적지 않았다. 거금을 손에 쥐었던 뉴턴은 추가 투자를 하는 바람에 거품 붕괴 후 2만 파운드의 손실을 봤다. 뉴턴은 "천체의 움직임은 센티미터 단위로까지 측정할 수 있지만 주식시장에서 인간들의 광기는 도저히 예상할 수 없다."라고 후회를 했다고 한다. 남해 회사 버블은 당시 정권의 몰락을 유발했고, 조사 과정에서 일반 대중에게 자금 조달을 하는 사업의 경우 제3자에 의한 회계 기록의 평가가 필수적이라는 것을 알게 되어 공인회계사 제도와 회계감사 제도가 탄생되었다. (출처: 금융데이터의 이해_남해 거품 사건과 뉴튼; http://2627042.blog.me/130163318238)

를 만들어 내는 이런 거품들은 왜 잊을 만하면 다시 일어나는 것일까? 많은 학자들은 인간의 탐욕이 이런 거품을 만들었다고 주장한다.

그렇다면 역사적으로 버블 시기의 인간과 지금의 인간이 다르다는 의미인가? 그 당시에 살았던 사람들의 탐욕이 다른 시대에 살았던 사람들의 탐욕보다 더 컸다는 말인가? 결코 시대에 따라 인간이 다르다고 생각되지는 않는다. 그리고 이런 형태의 버블은 나라를 가리지 않고 나타났다. 인간의 탐욕(집단적 이성의 마비)이 전체적으로 버블을 키우는 데 양념 역할을 했다는 데는 동의한다. 그러나 이런 일들이 반복되고 동시에 너무나 많은 사람들이 이런 기간 동안 가혹한 시련을 반복해서 겪는 것은 이해할 수 없는 일이다. 누구도 그런 결과를 원하지 않았지만 반복되고 있다.

거품을 좀 더 자세히 보려면 2008년 미국의 서브프라임 모기지론 사태 전후를 보면 쉽게 이해가 된다. 일단 서브프라임 모기지란 서브(sub; 비, 좋지 않은), 프라임(Prime; 우량), 모기지(Mortgage; 주택담보), 론(Loan; 대출)이다. 즉, 비우량주택담보대출이다. 신용등급이 낮은 대출자에게 높은 이자로 대출을 해 주는 것이다.

2000년 초 닷컴붐(IT붐)이라 불리는 인터넷 회사들을 기반으로 한 경제 활황이 붕괴되고, 2001년 9.11테러가 발생하면서 자금 수요가 적어 저금리 시대가 지속되고 있었다. 그리고 이런 저금리 상태는 부동산 시장을 자극하면서 주택 가격이 오르기 시작했다. 이에 더하여 미국 정부는 부동산 투자이익에 대한 대대적인 면세 정책을 펴고, 모기지 업체들의 과당 경쟁 등으로 투자 분위기가 무르

익었다. 금융기관들은 주택 가격이 오르는 시장 상황에서 은행 대출금 회수에 문제가 없다고 판단하고 서브프라임(비우량) 고객에게 대출을 하기 시작했다. 이런 대출 확장 정책은 부동산에 대한 수요를 자극하고, 결국 금융기관은 더 많은 대출을 해 주게 된다. 부동산 투자에 무관심하던 일반인들도 주변에서 부동산 투자로 돈을 벌었다는 이야기를 듣고, 두 번째, 세 번째 주택을 사들이기 시작했다. 저금리 상황에서 대출이자는 별로 부담스럽지 않았고, 대출도 쉽게 받을 수 있었다. 저가에 매입했던 부동산을 다시 되팔아 수익을 거두고 더 큰 부동산을 구매하기 시작하면서, 전체 대출 규모는 엄청난 속도로 증가했다. 은행 또한 적극적인 대출 영업으로 전체 대출 잔액은 빠른 속도로 늘어난 것이다. 거래가 많아질수록 수익이 생기는 브로커, 주택감정사, 은행원들은 이런 과정에서 더 많은 거래를 부추기고 가격을 상승시키는 훌륭한 촉매가 되었다.

사례를 보면 미국에서 집값이 급등하자 주택을 소유하지 않은 주민들이 동요하기 시작했다. 미국 신문에 발표된 생생한 사례가 있다. 매사추세츠 주의 젊은 사논 부부는 집값이 오르기 시작하자 기회를 놓치지 않을까 염려하여, 생애 처음 집 장만에 나선다. 물론 일반적인 미국인들처럼 저축한 보유 자금과 모기지(주택대출)를 통해서 주택을 구입하는 것이 아니라 구입 자금의 대부분을 은행의 모기지(주택대출)를 받았다. 신용도는 낮았지만 서브프라임 모기지가 가능했으므로 대출에는 문제가 없었다. 사논 부부는 매사추세츠 주 월덤에 29만 달러짜리 집을 마음에 두었지만, 사실 그들이 가진 돈은 거의 없었다. 그러나 주택 금융사(대출 금융기관)는 1차로

30년 장기 상환 조건의 5만 8000 달러를 대출해 주겠다고 했다. 그리고 다시 23만 2000달러를 변동금리 단기상품으로 대출해 주었다. 사논 부부에게 1차 대출은 특별히 문제가 되지 않았다. 부부의 수입으로 대출이나 원리금 상환이 가능한 범위였다. 그러나 2차 대출은 극히 위험한 대출이었다. 은행은 이들에게 나중에 리파이낸싱(대출 갈아타기)을 하면 된다면서 오히려 설득하고 대출을 부추겼다. 사논 부부는 집값이 계속 오르고 있었고, 리파이낸싱이 가능하다고 하니 무리를 해서라도 생애 처음 본인들의 집을 갖고 싶었다. 막연한 부담이 있긴 했지만 주변에서 다들 그렇게 집을 마련하고 수익을 남기는 사람들도 많았다. 드디어 대출을 통해서이지만 꿈에 그리던 자기 집에 거주하는 행복한 시절이 시작되었다.

갑자기 주택경기가 침체되고 대출금리가 오르기 시작하자 이들 부부에게도 위기가 찾아왔다. 갑자기 금리(실제 1.0%에서 17차례에 걸쳐 5.25%로 상승)가 오르기 시작하자 이자와 원리금 상환에 문제가 생긴 것이다. 특히 2차로 받은 23만 2,000달러의 대출은 2년 고정금리 이후 변동금리로 전환되는 대출이었다. 이자가 급격히 오르자 대출금 이자와 원리금 상환은 이들 부부에게 엄청난 부담이 되었다. 결국 이들은 소위 돌려막기에 들어가게 되었다. 그리고 몇 달 후 결국 이 집은 채권 회사로부터 압류가 들어온다. 사논 씨는 급하게 집을 팔려고 내놓았지만 가격에 상관없이 집을 보러 오는 사람조차 없었다. 결국 이들은 원하던 집에서 짧게나마 행복한 시간을 보낸 대가로 엄청난 부채를 지고 살아가게 되었다. 이런 판국에 집값의

발췌, 각색: 이데일리, 서브프라임 대해부, 2007년 3월 15일

하락이 가속화되면서 경제 상황이 악화되기 시작했다. 부채에 짓눌린 가계에 쓸 돈이 없어져 경기 침체가 깊어졌다. 간호사로 일하던 아내는 불황의 입구에서 일자리를 잃었다. 경제적 압박은 더더욱 심해졌다. 부동산 거품 붕괴로 침몰했을 때 '집값 폭락→경기 위축→일자리 축소→개인 파산·기업 부도'의 악순환이 연쇄적으로 일어났다. 미국의 금융기관이 신용도가 낮은 주택 수요자를 대상으로 했던 서브프라임 모기지론(비우량 주택담보대출)은 대량의 부실로 이어졌고, 서브프라임 모기지론을 모기지담보증권(MBS)으로 증권화해 투자자들에게 판매한 채권은 엄청난 부실로 치달았다. 서브프라임 모기지 회사인 뉴 센트리 파이낸셜(New Century Financial)이 파산 신청한 것을 시작으로 유사한 서브프라임 모기지대출을 실행한 금융기관들이 연쇄적으로 파산을 신청했고, 이를 증권화해 유통시킨 다른 금융기관들도 부실의 늪으로 빠져들었다.** 헛된 욕심의 결과이고 재앙의 씨앗이었다.

사실 미국에서 부동산 광풍은 처음이 아니었다. 1920년대 이미 비슷한 플로리다 부동산 광풍이 있었다. 제1차 세계대전 이후 경제적으로 좀 여유로워지자 사람들은 장밋빛 기대로 가득 차 있었다. 그리고 많은 사람들은 자동차의 보급과 겨울에 추운 북동부 대신에 따뜻한 남쪽을 선호할 것을 예상

MBS(Mortgage Backed Securities, 주택저당담보증권)

주택저당(모기지)을 담보로 해서 발행되는 증권으로 일반 고객이 은행에서 주택담보대출을 받을 때 주택에 대한 근저당을 설정하게 된다. 은행의 입장에서 볼 때는 그 주택을 담보로 대출금을 회수할 권리, 즉 대출채권을 가지게 되는데 이를 주택저당채권이라고 하고 이 주택저당채권을 기초로 하여 발행하는 증권을 MBS라고 한다.

** 버블이 터지던 초기 2008년 1월 보고된 미국 금융기관의 서브프라임 관련 손실액은 총 1,078억 달러에 달했다. 대형 금융기관인 씨티가 286억 달러, 메릴린치 229억 달러, 모건스탠리가 109억 달러에 달했다.

해 남쪽에 부동산을 개발하면 대박이 날 것으로 생각했다. 사실 매서운 북동부의 추위를 피해서 남부로 가는 사람들도 많았고, 때마침 개통한 딕시 고속도로(Dixie Highway)를 통해 플로리다로 쉽게 갈 수 있게 되었다. 모두들

* 시카고-마이애미 간의 총연장 9,312km의 고속도로로 현재 25번 고속도로의 전신인 도로의 이름이 딕시 고속도로(Dixie Highway)이다. 1915년부터 1927년까지 건설되었다.

새로운 꿈에 부풀어 있었다. 이런 사람들의 막연한 기대감은 800달러이던 마이애미 상업지구의 땅을 15만 달러까지 끌어올렸다. 상업지구뿐만 아니라 해수욕장, 호텔, 골프장 등이 엄청난 속도로 건설되었다. 거품은 점점 커졌고 사람들은 더 빠른 속도로 부동산을 매입했다.

부동산 매입은 너무도 쉬웠다. 일단 계약금만 내면 중도금, 잔금은 나중에 지급해도 되었다. 잔금을 치르기 전에 부동산을 다른 사람에게 넘기는 방식이었으므로 별로 문제가 없었다. 그러나 가격이 오를 대로 오른 부동산을 매입해 줄 사람이 없어지자 문제가 생기기 시작했다. 이미 부동산을 구매한 사람들이 잔금을 지급할 능력이 없어지자 계약이 취소되고, 또 이전 구매자도 계약이 취소되는 도미노 현상이 벌어졌다. 이런 와중에 플로리다에 허리케인이 강타하자 엎친 데 덮친 격이 되어 부동산 시장은 완전히 붕괴되고, 결국 지역 은행들이 줄도산을 하게 되는 과정을 겪었다. 플로리다 지방자치 도시들도 세수가 현격히 줄어들어 부채를 해결할 수 없게 되어 파산에 이르게 되었다. 이는 미국 대공황의 전주곡이었다.

어디선가 많이 듣던 이야기 같지 않은가? 2007~2008년 서브프라임 모기지 이야기의 데자뷔 같이 들린다. 단지 시기가 80여 년

차이가 있을 뿐이다.

조금 다른 관점에서 보면 이런 거품의 생성과 거품이 터져 버리는 동안에도 엄청나게 돈을 번 사람들이 있다. 그들은 거품이 커져 갈 때도, 거품이 터질 때도 수익을 가져갔다. 수백만 명이 대출금 상환을 못 해서 집을 빼앗기고, 대부분의 금융기관이 연쇄 도산의 위기에 빠진 상황에서도 활짝 웃고 있는 사람들이 있었다. 주택대출 위험에 역으로 배팅한 사람들이다. 대규모 헤지펀드들이 주로 이런 거래에 참여하여 막대한 수익을 올렸다. 서브프라임 모기지로 엄청난 손실을 보고 결국 파산한 미국 2위의 서브프라임 모기지 업체인 뉴센추리의 대주주들도 그들이 막대한 영업이익을 올리고 있을 때, 이런 위험이 도래할 것이라는 예상을 하고 주식을 팔아 치워 엄청난 이익을 올렸다. 이것은 단순히 수익을 위한 경제적 활동이 아니라 전형적인 도덕적 해이이다. 일부 대형 금융기관들도 위험을 예측하고 미리 보유 채권 등을 팔아서 위험에서 빠져나가면서 수익을 챙겼다. 그런데 이들이 초기에 거품을 조장한 당사자들이란 점을 기억해야 한다. 이들은 복잡한 금융 기법을 이용하여 주택담보대출을 기반으로 한 파생금융상품을 만들어 금융 거래를 통해서 엄청난 이익을 누렸고, 거품이 정점에 닿기 전에 손을 털고 나온 것이다.

결국에는 휘몰아치는 광풍에서 뒤늦게 주택을 매입한 일반 시민과 소액주주들은 씻을 수 없는 상처와 손실을 입었지만, 일부 자본을 등에 업은 세력들은 어떤 상황에서도 엄청난 수익을 챙겼다. 무엇이 이런 차이를 만들었는가? 그들은 상황을 예측, 판단할 수 있는 조직화된 정보와 시스템이 있었고, 일반인들은 분위기에 휩쓸려 합리적인 판단을 못 했을 뿐이다.

미국의 서브프라임 모기지 사태가 발생한 지 7년이 지나고, 세계 경기는 완만한 회복세에 들어서고 있다. 미국 경제도 상처가 아물고 새로운 도약을 준비하고 상황이 호전되고 있다. 이런 여건에서도 한국 정부는 부동산 띄우기를 절대 포기하지 않고 있다. 거품을 만들기 위해서 할 수 있는 모든 노력을 다하고 있는 듯하다.

특히, 정부 주도의 저금리 대출 상품을 고안하여 집 없는 사람들에게 집을 사도록 모든 지원과 권유를 하고 있다. 미국에서 일부 금융기관들이 거품을 만들어 부실을 양산해서 엄청난 고통을 겪었는데, 한국에서는 정부가 그러한 노력에 최선을 다하고 있는 모양새다.

결국 누구를 위해서 거품이 필요한가를 냉정하게 생각해야 한다. 금융기관은 거품의 위험을 잘 알고 있지만, 한편에서는 단기적으로 엄청난 이익을 만들어 낼 수 있다는 점도 잘 알고 있다. 우리나라 재벌이면 누구나 하나씩 가지고 있는 대형 건설 업체들은 떼돈을 벌게 될 것이다.

아파트 단지 하나를 개발해서 분양이 잘 이루어지면 조 단위의 금액이 오간다. 눈앞에 보이는 아파트의 가격을 간단히 계산해 보면 왜 이런 숫자가 나오는지 명확하게 보인다. 10억짜리 아파트가 30층이면 엘리베이터 한 줄에 60채가 살고, 그 가격은 600억 원이라는 시가가 된다. 한 개의 동이 4개 라인이면 시가로 2,400억 원이 되고 5개 동만 되면 1조 원이 훌쩍 넘어선다.

최근 정부는 부동산 규제의 마지막 보루라고 할 수 있는 DTI

총부채상환비율(Debt To Income)

금융부채 상환 능력을 소득으로 따져서 대출한도를 정하는 계산 비율을 말한다. 대출상환액이 소득의 일정 비율을 넘지 않도록 제한하기 위해 실시한다. 예를 들면, 연간 소득이 5,000만 원이고 DTI를 40%로 설정할 경우에 총부채의 연간 원리금 상환액이 2,000만 원을 초과하지 않도록 대출 규모를 제한하는 것이다.

담보가치(주택가격) 대비 대출 비율(Loan To Value ratio)

주택담보대출 비율이란 은행들이 주택을 담보로 대출을 해 줄 때 적용하는 담보가치 대비 최대 대출 가능 한도를 말한다. 즉, 집을 담보로 은행에서 돈을 빌릴 때 집의 자산가치를 얼마로 보는가의 비율을 말하며, 보통 기준시가가 아닌 시가의 일정 비율로 정한다. 예를 들어 주택담보대출 비율이 60%라면 시가 2억 원짜리 아파트의 경우 최대 1억 2,000만 원까지만 대출해 주는 식이다.(시사상식사전, 박문각)

(Debt To Income) 와 LTV(Loan To Value)** 규제를 해제했다. 우리나라의 오래된 대출 방식인 거치대출 방식과 더불어 이제는 대출 위험관리는 최저 수준으로 내려가 버렸다. 부동산 대출 거치방식은 대부분의 선진국에서는 오래 전에 사라진 제도인데 리파이낸싱(일명 갈아타기)을 전제로 한 상당히 위험한 대출 방식이다. 거치 기간이 끝난 후 대출 갈아타기가 이루어지지 않으면 엄청난 재앙이 될 수 있다. 특히 부동산 가격이 하락하는 추세라면 이러한 문제점은 심각해질 수 있다. 재앙은 어느 날 갑자기 다가오는 것이다. 평당 몇천만 원에 분양받은 고가의 아파트에 수억 원의 대출금이 있다면, 이것은 폭탄을 지고 사는 것이나 마찬가지이다. 이미 가계대출의 확장으로 전체 가계대출금이 1,000조 원이 넘어 섰고, 무서운 것은 전체 대출금 중 90% 이상이 변동금리 상품이라는 것이다.

내가 투자한 돈으로 누가 수익을 챙기고 있는지 눈을 크게 뜨고 살펴보아야 할 것이다. 정부는 과연 누구를 위해서 집을 사라고 부추기고 있는가? 정치인들이나 정부 관리들이 우리가 집을 사서 부동산 값이 올라 엄청난 수익을 올리기를 바라고 있는 건 아닌지 곰곰이 생각해 볼 일이다. 그렇지 않다면 그들이 집을 사라고 하는 이유는 도대체 누구를 위한 것인가 물어보아야 한다. 어떤 정보를 받아들이고 결정을 해야 할 때 항상 누가, 무엇 때문에, 누구를 위해서 하는 설득인지 스스로 질문을 해보고 답을 찾아야 한다.

일반 소비자들은 직접 거주를 위한 자가 주택 구매나, 여유자금으로 장기 임대소득을 얻기 위한 투자가 아니라, 시세차익을 얻기 위한 투기성 매입은 극도로 자제해야 한다. 실제 거주를 위한 주택 구매라고 하더라도 상환 능력을 철저히 계산하여 구매하여야 한다. 갑자기 금리 상승이 발생하더라도 이자와 원리금 상환을 견딜 수 있는 규모의 주택을 마련해야 한다. 이렇게 해야만 주택 가격이 요동치고 금리가 급격히 상승해도 나의 보금자리 유지가 가능하다. 주택은 투자나 투기의 대상이 아니라 주거 장소라는 개념을 명백히 해야 한다. 현재 우리는 저성장, 고령화 시대에 살고 있다. 과거 고성장, 개발 시대의 향수를 가지고 투자를 하다가 부동산 경기 하락에 맞게 되면 한순간에 모든 것을 잃어버릴 수 있다. 마지막으로 아파트 구입 시에 현재 시세, 주변 아파트 시세만 볼 것이 아니라, 땅값 그리고 건축비로 계산해 보길 바란다. 거품이 있다면 좀 더 잘 보이게 될 것이다. 콘크리트 덩어리로 만들어진 아파트는 감가상각이 발생한다는 것을 잊지 말아야 한다. 자동차 살 때 중고 자동차 가격을 연식에 따라서 고려하는 것과 마찬가지이다.

Step. 2

독과점, 공포마케팅, 시장 왜곡을
스스럼없이 저지르는 돈에 눈이 먼 기업들

호갱님,
호갱님

1

다이아보다 더 다이아 같은 모이사나이트와 등골 브레이커

밴드왜건과 편승 효과

막장 드라마에서 종종 혼수 때문에 목소리 높여 싸우는 장면이 시청자들을 TV 앞에 잡아 둔다. 그런 논란의 혼수품 중에서 단골로 등장하는 것이 모피코트와 다이아몬드이다. 가장 흔한 혼수품인 다이아몬드가 어쩌면 많은 남녀관계를 갈라놓는 모종의 씨앗인지도 모른다. 사실 주변에서 결혼할 때 받은 다이아몬드가 가짜였다고 하는 농담 같은 푸념 소리를 종종 듣기도 하고, 심지어 이런 혼수 싸움 끝에 이혼하는 부부도 있다는 풍문도 떠돈다. 언제부터인가 다이아몬드와 결혼은 떼려야 뗄 수 없는 관계가 되었나 보다.

혼수를 전문적으로 취급하는 보석상들은 결혼예물용 보석을 사러 오는 신혼부부들에게 크기가 과한 다이아몬드를 먼저 보여 준다고 한다. 먼저 2~3캐럿의 반지를 보고 나면 원래 살려고 했던 5부 또는 1캐럿 반지는 아예 눈에 들어오지도 않는다는 것이다. 전형적인 판매기법에 소비자들은 쉽게 현혹이 된다. 이렇게 시작한 혼수의 거품은 다른 거품으로 점점 커져 나간다. 사실 결혼을 준비할 때 돈의 씀씀이가 평소와 달라져서인지는 몰라도 도를 넘는 소비를 종종 한다. 2캐럿 다이아몬드는 도매 시세로 고려하더라도 엄청난 금액이다. 다이아몬드 2캐럿의 금액은 일반적인 등급도 5천만 원을 호가한다. 결혼적령기 대졸 직장인의 연봉을 훌쩍 넘는 금액이다. 일반적으로 1캐럿만 해도 7~8백만 원은 줘야 한다.

다이아몬드를 재는 단위인 캐럿(Carat)은 지중해 지역에서 자라는 캐롭 나무에서 열리는 콩의 크기에서 유래했다고 한다. 캐롭 콩 1개의 무게를 다이아몬드 1캐럿으로 기준을 삼았다. 현재는 1캐럿은 0.2g으로 통일되어 사용되고 있다. 다이아몬드 2캐럿, 즉 지름 8.2mm, 무게 0.4g 탄소덩어리 광물에 1년 치 수입을 투자하는 것이다. 그러면 우리는 왜 이런 비싼 값을 주고 콩알만 한 돌덩이에 아낌없이 돈을 쓰는가?

국내에서 결혼하는 사람들은 보석 중에서 다이아몬드를 가장 선호한다는 통계가 있다. 예전에는 루비, 에메랄드, 진주 등 세트로 하는 경향이 있었지만 최근에는 다이아몬드로 몰리고 있다. 다이아몬드는 언제든지 필요할 때 재판매할 수 있다는 환금성을 믿는 것이다. 사실은 재판매 시에는 상당한 손실을 보아야 한다. 그러나 소비자들은 환금성이 상대적으로 좋다는 것을 그냥 언제든지 구매한 가격에 재판매할 수 있다는 것으로 믿고 구매를 한다.

다이아몬드는 탄소로 이루어진 광물이다. 다이아몬드 원석은 잘 다듬지 않으면 그냥 돌덩이일 뿐이다. 전문가들이 정밀하게 세팅을 하고, 유명 감정사들이 보증서를 더하면 이제 돌이 보석이라는 화려한 이름으로 재탄생한다. 그리고 다이아몬드를 공급하는 메이저 회사들은 마치 다이아몬드가 결혼의 꽃인 양 홍보와 광고를 엄청나게 해댄다. 공급자들이 마케팅에 가장 성공한 제품 중의 하나가 다이아몬드이다.

그러나 탄소 덩어리인 보석용 다이아몬드와 공업용 다이아몬드는 사실상 외관에 거의 차이가 없다. 사실 전문가가 아니면 다이아몬드의 진위 여부는 거의 판별하기 어렵다. 모이사나이트라는 물질이 있다. 이것은 인공으로 만들어진 광물이고, 다이아몬드와 세상에서 가장 유사한 광물이다. 모이사나이트는 프랑스의 과학자 모이상 박사(Dr. Henry Moissan)가 인공적으로 만들어 내는 데 성공한 물질로 천연 광물은 아니지만 그 물성이 자연계에 현존하는 물질 중에 다이아몬드와 가장 닮아 있는 물질이다. 단단하기도 다이아몬드에 버금갈 뿐 아니라 빛의 굴절률은 오히려 다이아몬드보다도 더 뛰어나다. 당연히 광채도 다이아몬드를 능가한다. 다른 점이 있다면 비중이 약간 차이 날 뿐이다. 그 정도 비중 차이는 엄청나게 정밀한 기계가 아니면 감지하지 못할 정도의 차이다. 두 물질이 어느 정도로 유사한가 하면 기존의 다이아몬드 감정기계로는 두 광물을 구분해 내지 못할 정도다. 모이사나이트가 천연 다이아몬드와 달리 결정 내에 불순물이 없고, 너무나 완벽한 형태라서 오히려 의심을 받는 정도다. 최신 감정기계만이 두 물질의 비중과 굴절률로 구분할 수 있을 뿐이다. 그러니 사람의 눈으로 구분한다는 것은 거의 불가능하다. 그런데 사람들은 여전히 다이아몬드를 산다. 그 이유를 따져 보면, 다이아몬드와 모이사나이트의 물성은 거의 일치하지만 다이아몬드의 가격이 모이사나이트의 가격보다 훨씬 비싸기 때문인 것 이외에는 다른 이유가 없다. 1캐럿 기준으로 하자면 모이사나이트는 대략 다이아몬드의 한 20분의 1 정도 값밖에 나가지 않는다. 결국 비싸기 때문에 다이아몬드를 산다는 것이 된다.

값이 비싸다고 구매를 한다는 것은 전혀 합리적이지 않다. 다만 경제학에서 말하는 희소성의 원칙을 고려해 볼 수 있다. 그런데 희소하다고 무조건 비싸다고 생각하는 것은 논리적 비약이다. 이것을 경제학적인 희소성으로 풀기보다는 심리적 요인으로 보아야 한다.

한때 등골 브레이크라는 말이 유행한 적이 있었다. 인터넷 유행어인데 부모의 등골을 뽑아 먹는다는 의미의 유행어다. 이 단어는 신문기사 등에 인용되면서 널리 사용되게 되었는데 부모에게 심각한 경제적 부담을 주면서까지 특정 제품을 사게 만드는 것이다. 초기 등골 브레이크의 대명사가 되었던 모 아웃도어 브랜드는 한국에서 판매액이 급증하는 것을 외국 본사에서 이상하게 여겨서 그 원인이 무엇인지 한국으로 감사를 나왔다는 풍문도 있었다. 도저히 그렇게 많이 팔릴 수 없는 고가의 전문 아웃도어 제품이 엄청난 숫자로 팔려 나간 것이다. 학생들의 교복보다도 더 많이 팔렸다는 웃지 못할 일이 벌어진 것이다.

이러한 현상을 경제학에서는 밴드왜건 효과(bandwagon effect) 또는 편승 효과(便乘效果)라고 한다. 미국 경제학자 하비 라이벤스타인(Harvey Leibenstein, 1922~1994)이 1950년에 발표한 네트워크 효과(network effect)의 일종으로, 서부 개척 시대의 역마차(밴드왜건)에서 힌트를 얻었다. 밴드왜건 효과는 퍼레이드 행렬의 가장 앞에 위치하는 악대로 이들이 유도하는 데로 뒤의 행렬이 그냥 따라 움직이는 것을 의미한다. 즉, 남이 하니까 나도 한다는 심리를 말하는 것이다. 서부 개척 시대에 밴드왜건(악대 마차)이 요란한 음악과 함께 금광이 발견됐다고 선전하면 무작정 따라가던 사람들을 빗댄 말이다. 옛날 속담에 '친구 따라 강남 간다'는 말과 유사하다. 그런데 이런 고전적인 콘셉트는 오늘날까지 건재해서 광범위하게 적용된다. 홈쇼핑에서도 쇼호스트들은 '주문 폭주, 매진 임박' 등등의 멘트로 사람들을 자극한다.

결혼 시 다이아몬드 구매도 같은 경우라 볼 수 있다. 결혼할 때 다이아몬드를 정말 가지고 싶었던 사람도 있을 것이다. 그러나 많은 사람들은 그냥 당연히 또는 주변 사람들의 권유로 다이아몬드를 구매한다. 신부가 구매하면 신랑도 덩달아 구매한다. 주변에 다이아몬드 반지를 끼고 다니는 남자들은 정말 드물게 보인다. 그러나 의외로 다이아몬드 반지를 가지고 있는 사람들은 많다. 소비자들은 결혼 준비기라는 특수한 시기에 합리적인 판단을 못 하는 것이다. 아울러 메이저 다이아몬드 공급 업체들은 마치 다이아몬드=결혼반지라는 식의 홍보에 아낌없이 돈을 쏟아붓는다. 불멸의 다이아몬드 이야기는 엄청나게 오래된 이야기 같지만 불과 100여 년 전 남아프리카 공화국에서 초대형 다이아몬드 광산이 발견되면서 다이아몬드와 결혼식이 본격적으로 연결되었다. 다이아몬드의 초과 공급으로 인해 가격이 떨어지자, 메이저 다이아몬드 공급업자인 '드비어스(De Beers)'가 다이아몬드 결혼반지 유행을 만들어 냈다. 그리고 다이아몬드를 '영원한 사랑의 상징'으로 포장해서 광고를 엄청나게 했다. 어느덧 새로 결혼하는 신부들은 다이아몬드 반지가 결혼의 필수품처럼 여기게 되었다. 심사숙고해서 고른 다이아몬드는 결혼, 출산으로 이어지면서 장롱 신세를 지게 되고 소장품 중의 하나로 남게 된다. 당신은 왜 다이아몬드 반지를 구매했는가? 화려한 마케팅에 현혹되어 가장 비경제적인 투자를 한 것은 아닌가? 여전히 5개 회사가 전 세계 다이아몬드의 80%의 생산을 점유하면서 우리에게 다이아몬드는 결혼의 필수품이라고 주입을 한다. 당신에게 다이아몬드의 가치는 어떤 것인가?

최근 결혼하는 신혼부부들 중에는 합금으로 된 커플링을 하는 경우도 많이 늘어났다. 고가의 다이아몬드와 순금 대신에 실용적인 합금 커플링으로 옮겨 가는 추세다. 고가의 천연 다이아몬드 대신에 모이사나이트로 옮겨 가지 않는 이유는 가짜라는 이미지 때문이다. 실용적인 모이사나이트가 다이아몬드 업체들의 마케팅 때문에 가짜라는 억울한 이미지가 씌었다. 그래서 소비자들은 가짜보다는 아예 저렴한 합금이나 14K, 18K로 옮겨 가고 있다. 과연 다이아몬드가 결혼에서 영원한 사랑의 상징으로 얼마나 남을지 지켜보는 것도 흥미로운 일이다. 콩알만큼 작고 빛나는 돌덩이에 매겨진 엄청난 가격과 소비자의 합리적인 소비 형태는 지속적으로 대립을 하겠지만 예전처럼 무리해서라도 반드시 해야 하는 혼수품의 자리는 더는 존재하지 않는 듯하다. 항상 나는 무엇을 구매하는지 고민하고, 본질을 한 번 더 보아야 한다.

★ 다이아몬드의 전설

고대 그리스 전설에 따르면 다이아몬드는 신의 눈물로 표현된다. 어원은 '정복할 수 없다'라는 뜻의 그리스어인 '아다마스 admas'에서 유래되었다. 고대 그리스인들은 다이아몬드를 하늘에서 떨어진 별 조각이라 생각하여 수세기 동안 부적으로 사용하였다.

2

계란보다 더 비싼
계란 포장지

브랜드 이미지

　주부 김 씨는 식료품을 구매하기 위해 집 근처의 대형 마트에 들렀다. 중학교, 고등학교에 다니는 아들이 둘이나 있기 때문에 식료품 사는 횟수가 상대적으로 많은 편이다. 특히 계란을 좋아하는 둘째 아들 때문에 마트에 갈 때마다 계란을 한 판씩 사 들고 온다. 그런데 요즈음은 판매하는 계란의 종류가 너무 많아져서 계란 코너에서 한참이나 서성이게 된다. 대형 마트의 계란 코너는 점점 커지는 느낌이 들 정도이다. 모두 비슷한 계란처럼 보이는데 각종 브랜드를 붙여 놓고 포장과 가격은 각양각색이다. 청정란, 영양란, 무슨 첨가 성분, 위해요소 중점관리기준(HACCP), 유기농 등의 광고 문구에 디자인, 가격, 포장 단위도 제각각이니 쉽게 선택을 할 수가 없다. 그렇다고 라면과 달리 계란의 맛은 요리를 하고 나면 구별하기 너무 어렵다. 예전에는 그냥 몇 가지 계란 중에서 알의 굵기에 따라서 적당히 고르면 되었는데 언제부터 이렇게 된 건지 모르겠다. 지난 몇 년 동안 계란 가격은 꽤나 많이 오른 것 같다. 적당히 싼 것을 고르자니 아이들한테 좋은 것을 먹여야 하지 않나 싶고, 그중에서 비싼 것을 고르자니 같은 가격에 계란의 개수가 반도 채 안 된다. 누가 이렇게 계란 고르기를 힘들게 만들었는지 원망스럽다.

한국인은 1인당 연간 평균 220개의 계란을 먹는다고 하니 4인 가족이면 거의 연간 800~1,000개를 소비하는 셈이다. 계란은 단백질과 지방질은 물론 비타민과 미네랄까지 갖춘 '완전한 영양식품'으로 평가받고, 저렴한 가격인 만큼 엄청난 양이 소비된다. 2014년 평균 계란 시세는 10개짜리 특란의 현지 시세는 1,555원이다. 그리고 시중에서 팔리고 있는 계란 중에서 대기업 브랜드는 4,300~5,200원이고, 개인 유통업자의 브랜드는 2,000~3,000원 정도이다. 브랜드에 따라서 가격이 거의 두 배 차이가 난다. 이렇게 가격 차이가 많이 나는 대기업 브랜드의 계란과 개인 유통업자의 계란이 같은 장소에서 동시에 팔리고 있는 것이다. 다른 상품의 판매와 비교를 해 보면 참 특이한 현상이다. 보통은 가격이 비싼 제품과 저렴한 제품은 각각의 다른 유통 채널을 통해서 판매된다. 예를 들면, 비싼 브랜드의 옷은 백화점에서 판매되고, 가격이 저렴한 옷은 백화점이 아닌 시장 같은 유통 경로를 통해서 판매된다. 그러면 소비자들은 왜 같은 판매 장소에서 왜 비싼 값을 주고 대기업 브랜드의 계란을 사는 것일까? 간단히 소비자의 심리를 들여다보면 계란에 더하여 대기업이 주는 믿음이라는 이미지를 사는 것으로 해석할 수 있다. 화려한 포장과 세련된 디자인으로 장식된 포장은 왠지 안전할 것 같고 신뢰감을 주는 것 같은 인식을 준다. 그렇다면 대기업이라는 막연한 신뢰를 소비자는 적게는 20~30%부터 두 배까지 가격을 더 주고 사는 것이다.

한때 큰 소동을 일으켰던 중국의 가짜 계란 논란을 생각하게 된다. 중국산 물건 중에서 워낙 가짜가 많아서 군대에 있는 전투기도 가짜가 있다는 농담을 하지만, 중국에서도 가짜 계란 사건은 충격과 화제를 뿌리기에 충분했다. 중국 허난성의 한 업자가 알긴산나트륨, 젤라틴, 염화칼슘, 탄산칼슘 등으로 정교한 가짜 계란을 제조해서 유통시켰다. 실제 이것은 식품이라기보다는 거의 100% 화학약품 덩어리에 가까운 것이었다. 이 가짜 계란의 원가는 1kg를 만드는 데 불과 70원 정도에 불과했으며, 업자는 가짜 계란을 만들어 10배가 넘는 이익을 남긴 것으로 발표되었다. 사실 가짜 계란 소동 이후에 한국에는 그런 계란이 유통된 사실이 없는데도 모든 계란을 의심의 눈으로 볼 수밖에 없었다. 이런 사건들을 보면 식료품 구매에서는 신뢰와 신선함이 정말 중요한 결정 요소라는 소비자의 마음을 잘 읽을 수가 있다. 그러면 단순히 대기업의 브랜드만 그런 신뢰를 줄 수 있는 것인가? 그리고 그 유명 브랜드는 과연 신뢰할 수 있는가 하는 합리적인 의심을 할 수 있다.

얼마 전 깜짝 놀랄 만한 뉴스가 신문에 보도되었었다. 우리나라의 계란을 생산하는 농장수는 1,200개로 파악되는데 대기업은 그중에서 몇 개를 운영할까? 사실은 대기업들도 직접 계란을 생산하는 것이 아니라, 이들 일반 농장에서 대량으로 구매만 한다. 그리고 가공과 포장, 물류를 통해서 소비자에게 공급을 한다. 소비자 모임이 시중의 계란을 수거하여 품질 조사를 했었다. 전체의 40%가 최하위 등급으로 나타났는데, 그중에서 대기업 브랜드도 다수가 포함되어 논란이 있었다. 그리고 28%는 신선도가 불량으로 나타났다. 그러면 일반 소비자가 좋은 계란을 선택할 수 있는 방법은 없다는 결론이 난다.

소비자가 원하는 신선함을 투명하게 확보할 수 있는 방법은 없을까?

미국에서는 계란 구매에 가장 중요한 요소라 여겨지는 신선함을 최대한 보장해 주기 위해서 아주 간단한 아이디어를 개발했다. 고객이 계란에 인쇄된 간단한 인식 번호만 웹사이트에 입력하면 제조일, 농장 이름, 농장 위치, 계란 등급, 계란 크기, 브랜드 등 필수 사항을 순식간에 알려 준다. 계란 포장지의 찾기 어려운 위치에 있는 정보를 찾기 위해서 수많은 계란 포장을 뒤집어 확인해 볼 필요가 없는 것이다. MyFreshEgg.com 사이트에서 이런 정보를 제공하는 데, 이를 통해 보통의 계란이 믿음이 가는 계란으로 변신하는 것이다. 그리고 이러한 정보는 계란이 좀 더 안전하게 유통되도록 하고, 문제가 생겼을 때 추적하여 안전 조치를 할 수 있는 방법도 제공한다.

출처: http://www.myfreshegg.com

최근 한국에서는 중소 양계업자들이 계란 값이 지속적으로 하락한다고 시름을 하고 있다. 특히 대기업의 브랜드 계란의 시장 점유율이 점점 확대되고 있는데 이미 시장의 30% 이상을 점유하고 있다. 이런 현상은 고객이 신뢰라는 무형의 가치를 위해 비용을 내는 점을 이용해 브랜드 소유자들은 유통 과정에서 계란을 직접 생산하지 않으면서도 이득을 취하는 것이다.

한편 대기업에 대응하여 중소 규모의 계란 생산업자들은 광역단위의 계란 유통센터 건립을 추진하고 있다. 계란 생산지에서 수집 기능뿐만 아니라 저장과 세척 및 포장 시설을 모두 갖춘 유통의 전초 기지를 건립하고자 하는 것이다. 전국에 권역별로 2~3개의 대형 유통센터 건립을 추진한다는 계획을 세웠다. 그렇다면 계란 생산업자들이 대형 유통업체나 대기업과 같은 시설을 세우고 제품을 공급한다면 소비자들은 대기업의 계란 브랜드와 같은 가격을 낼 것인가?

우리는 가치를 생각할 때 유형의 가치에 치중하는 경향이 있다. 그러나 실제 가치는 무형적인 것이 더 많은 영향력을 미친다. 언젠가부터 소비자들은 계란에 무형의 가치, 즉 '신뢰도'에 가치를 두기 시작했다. 20~30%를 더 내더라도 안전하고 깨끗한 계란을 구매하겠다는 의지를 보인 것이다. 양계업자들은 새로운 시설을 건립하기 전에 어떻게 하면 소비자에게 신뢰와 안전성이라는 이미지를 담은 대기업 브랜드와 차별화할 것인가를 먼저 생각해야 한다. 이러한 전략이 없다면 고객은 동일한 정도의 깨끗하고 신선한 계란이라 하더라도 여전히 대기업 브랜드에 20~30%를 더 낼 것이다. 이것은 경쟁에 있어서 불평등한 게임을 시작하는 것이다.

소비자 입장에서 본다면 본래의 제품 이외에 브랜드 자체에 얼마를 내는지 분명한 생각을 가질 필요가 있다. 대기업 브랜드와 개별 계란 생산업자 또는 생산자조합의 계란 가격은 점점 더 많은 격차를 보이고 있다. 최근에는 두 배의 가격 차이까지 나고 있다.

우리는 무엇을 구매하는가? 계란을 구매하는가? 아님 계란을 싸고 있는 포장지와 그에 표시된 브랜드를 구매하는가? 이것은 순수한 소비자의 결정이다. 그러나 분명히 인지하고 구매하는 것이 현명한 소비자로 가는 길이다.

3

조삼모사에 속는
원숭이 소비자

쉐어링, 렌털

"무엇이든 빌려 드립니다." 요즈음 유행하는 말이다. 무엇이든지 빌려 쓸 수 있는 시대가 되었다고 한다. 심지어 남자 친구를 빌려 쓸 수 있는 서비스도 등장하고 있다. 빌려 쓰는 경제가 본격적으로 시작된 것이다. 이렇게 급속도로 변한다면, 미국의 경제학자이자 와튼 스쿨 교수인 제레미 리프킨(Jeremy Rifkin)이 말한 '소유의 종말'이 현실화 될지도 모를 일이다. 최근에는 '공유(쉐어링)'란 용어도 우리 가까이에 와 있다. 세상이 정신없을 정도의 속도로 변하고 있다.

골드 미스인 B과장은 요즈음 외출을 할 때 고민이 부쩍 줄어들었다. 친구들이 모임 때마다 최신 명품 핸드백을 들고 나와 스트레스를 주곤 했는데, 명품 핸드백 렌털 서비스를 알고부터 빌려 쓰는 재미에 푹 빠졌다. 이곳 렌털 업체에는 핸드백뿐만 아니라 명품 옷, 명품 시계 등도 신청만 하면 빌려 쓸 수 있다. 많은 돈을 들여서 큰 마음 먹고 구매를 해도 몇 번 사용하고 나면 싫증이 나거나 유행이 지나가서 아까울 때가 한두 번이 아니었는데 빌려 쓰는 서비스가 그녀의 삶의 질을 높여 주었다고 생각한다. 지난여름 해외여행을 갈 때는 숙박 공유 사이트인 에어비앤비(AIRBNB)를 통해서 최대 고민거리인 숙박을 해결했다. 깨끗하게 잘 관리된 다른 사람의 집을 저렴한 가격으로 이용할 수 있다는 점에서 너무나 고마울 따름이었다. B과장이 묵은 곳은 휴양지에 있는 별장이었다. 인근의 리조트 가격에 비하면 고마울 정도로 싼 금액이었다. 물론 자동차도 빌려 사용했다. 장거리 출장을 가면서 공항에 주차해 두고 간 멋진 누군가의 애마를 기존 렌터카의 절반 가격으로 사용했다. 비록 다른 사람의 자동차지만 자리만 차지하고 있던 자동차를 내가 이용하니 뭔가 이 세상에 기여했다는 느낌도 들었다. 한국에 돌아가면 잘 타지도 않는 차를 팔고 최근 서울에서 시작한 차량 공유 서비스를 이용해 볼까 하는 생각까지도 들었다.

얼마 전 모임에서 B과장의 친구는 행사에 참석할 때 임시로 남편을 렌털했다고 하는 말을 듣고 놀랐었다. 그 친구는 결혼 안 한 티를 내기 싫어 전문 업체로부터 일당 남편을 요청해서 행사에 참석했다고 한다. 적은 비용을 들이고 모임에서 편한 시선으로 지내기 좋았다고 했다. 생각하기에 따라서는 기가 막히게 편리한 서비스이다. 세상에는 놀랄 만한 일이 한두 가지가 아니다.

한국의 렌털 서비스 시장 규모가 12조 원에 이르고, 등록된 업체도 2만 5천 업체에 이른다. 렌털 서비스의 초기에는 정수기, 비데 등으로 시작을 했지만, 현재는 상상을 초월할 정도로 많은 종류의 물건이 렌털되고 있다. 남자 친구, 화분, 미술품, 가발과 애완동물도 빌려주는 시대가 된 것이다. 마누라와 자식 빼고 모든 것을 빌려준다는 홍보를 하는 렌털 사이트도 생겨났다. 구매해서 소유하던 소비에서 사용적 소비로 변하고 있는 과정이라고 평가하는 사람도 있다. 아마도 세대가 바뀌면서 한국인들이 가지고 있던 '내 것'이라는 문화적 관념이 변화된 것도 많은 영향을 미치고 있을 것이다. 소유에 집착하던 한국 사람에게도 변화의 바람이 부는 것이다. 전자결제, 위치 인식, 무선 인식 기술의 발달로 대여, 반납, 결제가 간소화되면서 빌려 쓰는 서비스는 엄청난 속도로 확산될 것으로 보인다. '구입'과 '소유'에서 '사용'의 개념으로 전환되는 것이다.

상품 소비의 한 방법으로 렌털 비즈니스가 성장하고 있지만, 유한한 자원의 효율적 사용이라는 측면에서 공유(쉐어링) 서비스도 활발하게 성장하고 있다. B과장이 여행 중 이용했던 에어비앤비(AIRBNB)는 2008년도에 창업하여 전 세계 사용자들이 직접 자신의 방이나 집, 별장 등을 빌려주는 서비스이다. 빌려주는 사람들 입장에서는 사용하지 않는 공간을 빌려주어 경제적 이익을 얻고, 사용자는 상대적으로 저렴한 가격으로 빈방이나 집을 빌려 사용하는 것이다. 이 서비스는 폭발적인 성장을 하여 이미 세계적으로 1,700만 명이 이용하고 있다. 외국에서 많은 인기를 얻었던 자동차 쉐어링 서비스가 한국으로 들어와 서비스를 시작했다. 렌터카와 달리 최소 30분부터 자유롭게 이용할 수 있어 단시간 사용할 수 있으며 복잡한 인수, 반납 절차도 없어 인기를 얻고 있다. 유휴자원을 나누어 쓴다는 측면에서 여러 측면에서 바람직한 방향이라고 평가된다.

한국에서도 집집마다 정수기를 비롯하여 최소 하나 이상의 렌털

기기를 사용하고 있을 정도로 렌털 문화의 일반화가 되었지만 역작용도 일어나고 있다. 한국 소비자원이 발표한 내용을 보면 총 렌털비가 제품 구입가보다도 터무니없이 비싼 제품들이 신고되고 있다. 심지어 3배 이상 비싼 것도 신고되었다. 렌털 위약 관련해서도 지난 3년간 2만 3천 건의 불만 사항이 접수되었다고 한다.

소비자들은 초기 부담이 가벼운 소액의 렌털료로 상대적으로 고가인 제품을 쉽게 사용할 수 있는 장점 때문에 렌털 서비스를 시작한다. 그러나 여기에는 일부 단기 수익을 추구하는 기업들의 고도로 계산화된 전략이 숨겨져 있다. 업체들이 쓰는 가장 일반적인 방법은 제품의 기준가를 과다 책정해서 월 렌털료를 산정하는 것이다. 소비자들은 구매하는 것이 아니라고 생각해서 제품 가격을 꼼꼼히 따지지 않고 월 렌털료만 계산해서 사용 여부를 결정한다. 그러나 월 렌털료는 조건과 기간에 따라 변동이 있기 때문에 상대적으로 비교하기 어렵다. 이러한 점을 일부 업체들이 악용하는 것이다.

최근에는 하우스푸어에 더해 카푸어(자동차 할부 원금을 갚지 못하고 시달리는 소비자)가 유명세를 타고 있다. 수입차 업체들이 파격적인 리스, 렌털 방식을 시작한 이후 일정 기간이 지나자 우려했던 문제가 드러나고 있다. 몇 년 전 자동차 소유를 로망으로 생각하는 젊은 친구들이 유예 리스라는 방식으로 고가의 외제차를 구매하기 시작했다. 국내 수입자동차 100만 대 시대에 그들의 좋은 차에 대한 욕망은 당연한 것일지도 모른다. 좋은 차를 구매할 능력이 있어 구매하는 것은 문제가 없지만, 이들이 택한 구매 방법은 리스나 렌털이었다. 특히 수입차 업체들은 유예 리스 방식, 원금 유예 할부제 등을 대대적으로 홍보했다. 이유는 간단했다. 단순히 초기 부담금과 월 납입료를 적은 금액으로 보이는 프로그램을 만들어 판촉하기 위해서였다. 길거리에 월 10~30만 원이면 수입차를 탈수 있다는 현수막이 이런 프로그램의 홍보문구이다.

　직장인인 K씨는 6,000만 원대의 수입차를 유예 리스 프로그램으로 구입했다. 수입차 영업사원은 선납금 30%만 내고, 36개월 동안 매월 30만 원만 내고 차량을 소유할 수 있으니 부담이 없다고 강조했다. 얼핏 들으니 엄청나게 좋은 조건으로 생각되어 서둘러 계약을 하고 꿈의 자동차를 손에 넣었다. 그러나 김 씨는 차량 가격의 60%가 유예되었다는 점은 그다지 신경을 쓰지 않았다. 단순히 선납금 2,000만 원과 매월 30만 원이라는 조건이 너무나 마음에 들었고 부담할 만한 수준이었다. 3년 동안 그는 매월 30만 원을 납부했지만 실제 원금 상환액은 불과 10%에 불과했고, 유예 리스한 중고차를 시장에 판매했을 때 유예금 4,000만 원보다도 낮은 3,000만 원 정도의 시세에 불과했다. 그러면 김 씨는 6,000만 원짜리 차를 선수금 2,000만 원, 매월 낸 총 납입료 1,080만 원, 그리고 중고차 판매 손실금 1,000만 원을 합해서 3년 동안 순수 자동차 값으로 4,000만 원 가까운 금액을 지출한 것이다. 카푸어 중에서는 중고차 손실금(유예금 4,000만 원−중고차 3,000만 원) 1,000만 원을 마련하지 못해서 높은 이자의 단기대출로 마련하는 경우도 있다. 원칙적으로 이는 금융 리스여서 차량으로 반납하는 것도 불가능하다는 것을 소비자들은 인지하지도 못했다. 어처구니없게도 이런 유예 리스가 목돈 없이 수입차의 오너가 될 수 있는 묘안으로 젊은이들

사이에 인기를 끌었다는 것이다. 실제 월 리스료를 납부하지 못해 신용불량에 빠지는 경우도 발생했다. 이런 와중에 차량을 판매한 수입 자동차 회사와 고금리로 금융을 제공해 준 파이낸스 회사들은 두둑한 수익을 챙겼다. 2014년 통계에 따르면 수입차 구매자들이 갚아야 할 빚의 총계가 4조 3,000억 원에 달한다. 국민 1인당 거의 100만 원에 가까운 금액이다.

이들 업체들은 이익을 쫓아 새로운 판매 방법을 개발했다. 그렇다면 우리는 이런 위험한 결정을 하는 소비자의 심리를 이해해 볼 필요가 있다. 판매자나 소비자의 입장에서 보면 서로가 전형적인 조삼모사의 셈을 한 것이다. '조삼모사(朝三暮四)'는 잘 알려진 중국의 고사성어인데 송나라에 원숭이를 좋아하여 키우는 저공(狙公)이란 인물이 있었다. 원숭이의 수가 늘어남에 따라 원숭이 먹이인 도토리를 구하는 일이 힘들어졌다. 어느 날 저공이 원숭이들을 모아놓고 이제부터는 도토리를 아침에 세 개, 저녁에 네 개씩 주겠다고 하자 원숭이들이 모두 반발하고 나섰다. 그러자 저공은 그럼 아침에 네 개, 저녁에 세 개를 주겠다라고 하였다. 이에 원숭이들은 좋아하며 고개를 끄덕였다고 한다. 유예라는 그럴듯한 말로 지급을 늦추고, 금융사는 엄청난 이자를 챙긴 것이다. 그리고 이러한 렌털, 리스 유예 방법은 큰돈이 들어가는 초기 구매 장벽을 덜어내어 판매를 늘리는 데 획기적인 기여를 한 것이다.

심리학적으로 사람들은 자기 호주머니에서 돈을 꺼내는 고통에 민감하게 반응하도록 훈련되어 있다. 누구도 선뜻 수백만 원, 수천만 원을 쉽게 지급하려고 하지는 않는다. 지갑을 열 때는 누구나 신중해진다. 그리고 사람들은 심리적으로 미래의 돈보다는 현재의 돈의 가치를 훨씬 중요하게 여긴다. 이는 '하이퍼볼릭 할인율 효과' (Hyperbolic Discounting: 현재가 미래에 비해 훨씬 더 가깝고 중요하게 느껴지며, 현재에서 멀어질수록 중요도는 더욱 떨어진다는 인간의 심리를 경제학적으로 설명한 이론)에서 입증되었다. 가장 쉽게 소비자들을 설득하는 것은 소비자들에게 사용 편익은 오늘 제공하고 지급은 뒤로 미루게 하는 것이다. 현금에 비해서 신용카드 소비가 늘어나는 이유가 여기에 있다. 정수기를 구매하는 데 당장 100만 원을 현금 지급하기보다는 한 달에 2만 5,000원을 내는 것이 심리적으로 더 편한 것이다. 전혀 구매의사가 없었던 침대를 '한 달에 3만 원이면 새로운 잠자리를'이라는 광고에 이끌려 충동적으로 구매를 결정하기도 한다. 그러나 구매자는 200만 원이 넘는 침대를 구매했다는 의식도 없고 200만 원을 지급한 고통도 전혀 없다. 그러나 그는 결국 200만 원이라는 돈을 사용한 것이다. 최소한 내가 내야 할 렌털료의 총합계가 그 물품의 시중 가격보다 높은지 낮은지는 반드시 고려해 보아야 할 것이다. 새로운 문화가 과연 나의 경제생활에 도움이, 이득이 되는지는 반드시 따져 보아야 한다. 그렇지 않다면 기나긴 기간 동안 당신은 금융기관이나 판매자의 배를 두둑이 불려 줄 것이고 평생 채무자로 남아 있을 것이다.

4 나는 왜 호갱일까
스마트폰과 이동통신회사

직장인인 S씨는 얼마 전 기다리고 기다리던 아이폰6를 손에 넣었다. 인터넷을 뒤지고 새벽에 할인 대리점 앞에서 줄을 서는 수고를 해서 적어도 20만 원 정도는 싸게 구매했다. 새로 나온 아이폰을 손에 쥐고 있으면 마음이 설렐 정도였다. 그것도 남들보다 훨씬 싸게 사서 주변의 부러움을 한껏 받았다. 최근 이렇게 S씨를 행복하게 해 주는 물건은 없었다.

즐거움과 함께 한 달이 지나고 핸드폰 요금 통지서를 받아 들고는 고민이 살짝 되었다. 아이폰을 할인해 준다는 말에 상당히 비싼 핸드폰 요금제에 가입을 했다. 대리점에서 90일만 쓰고 저렴한 요금제로 바꾸면 된다고 하면서 설득을 했었다. 청약서에 사인을 할 때는 깊이 생각을 안 했는데 통지서를 받아 보니 할부금, 스마트 폰 요금 패키지, 부가서비스 그리고 세금 등등 해서 결국에는 10만 원에 육박하는 요금이다. 반짝이는 아이폰을 볼 때마다 마음은 뿌듯하지만 매월 청구되는 휴대폰 비용은 만만치 않아 고민이다. 주변의 동료들도 꽤나 많은 비용을 매달 세금 내듯이 꼬박꼬박 휴대폰 요금으로 내고 있다. 아이폰을 싸게 살 때는 흐뭇했는데 결국 2년 동안 평균 10만 원씩이면 240만 원을 낸다고 생각하니 적은 금액이 아니다. 그래도 조금이라도 아끼려면 3달 뒤에 꼭 요금제를 변경해야지 하면서 통신회사의 요금제를 인터넷으로 조회해 보았다. 통신사 요금제가 이렇게 복잡한지 상상도 못 했다. 가입할 때 대리점에서는 간단하게 설명을 해 주어서 쉽게 골랐는데, 자세히 보니 복잡한 요금제도를 모두 조합해서 선택하려면 100여 가지는 족히 되는 것 같았다. 한참을 보다가 결국 포기하고 시간 날 때 다시 보기로 했다.

오후 내내 2년 동안 적어도 200만 원 이상을 내야 된다고 생각하니 마음이 찜찜했다. 예전 학교 다닐 때 편의점에서 아르바이트를 하면 시간당 5,000원 정도를 받았는데, 한 달에 10만 원이면 적어도 20시간을 일해야 되는데 20시간이면 3일을 일하는 것이다. 그때 얼마나 힘들었는지를 생각하면 마음이 불편했다.

S씨는 퇴근하고 친구들 모임에 참석했다. 새로 들고 간 아이폰 때문에 핸드폰 이야기를 시작하게 되었고, 모두들 휴대폰 요금이 너무 비싸다고 불평을 했다. S씨의 대학 동기인 B는 S씨에게 통신사 호갱(어수룩하여 이용하기 좋은 손님을 지칭하는 단어)이라고 직설적으로 말했다. S씨는 최신 아이폰을 얼마나 힘들여서 싸게 구매했는데 호갱이라니 슬며시 화가 났다. 친구 B는 핸드폰을 비싸게 사는 호갱도 있지만, 통신비를 매달 펑펑 내는 호갱이 더 많다고 목소리를 높였다. S씨는 다들 그 정도 내는 데 뭐 비슷하지 않나 생각을 했다.

B는 학교 다닐 때도 똑순이로 소문이 났던 친구다. 지금도 투자자 문사에서 투자 분석 일을 하고 있어서인지 조목조목 따져 가며 이야기를 하였다. 통신사들은 소비자들에게 많은 요금제를 선택할 수 있도록 다양한 요금제를 만들어 놓은 듯하지만 여기에 함정이 많다고 주장을 했다. 패키지 요금이 대표적인데, 패키지는 음성통화, 데이터 서비스 그리고 부가서비스를 묶어서 65요금제 등의 이름으로 쉽게 표현되어 있다. 그러나 소비자 입장에서는 꼭 패키지 요금이 유리한 것은 아니라는 것이다. 가장 쉽게 설명하면 음성통화, 데이터 그리고 기타 기본으로 제공되는 부가서비스를 다 사용할 수 없는 문제점이 있다고 했다. 예를 들면, 65요금제에 음성통화 280분, 데이터 5GB 그리고 문자를 무제한으로 제공한다면 대부분의 사용자는 음성통화, 데이터를 제공받는 한도만큼 모두 사용하지는 못한다. 만약 음성을 200분 데이터를 4GB를 사용했다면 남아 있는 음성통화 80분과 데이터 1GB는 어떻게 되는가? 소비자가 사용하지도 않은 비용을 내는 구조이다.

그리고 요금제를 보면 대부분의 통신사가 기본 패키지에 데이터 제공량을 상당히 높게 정해 놓는다. 한국 핸드폰 사용자의 데이터 평균 사용량이 1.2GB인데 통신사의 요금제는 1GB 정도의 사용량이면 거의 최저 데이터 패키지에 가깝다. 일단 높은 기준치를 설정해서 필요 이상으로 비싼 패키지 가입을 소비자에게 유도한다. 경제학에서 말하는 가격 앵커링 효과(Anchoring effect)*를 이용하는 것이다. 먼

* **앵커링효과(Anchoring effect)**
 사람들은 자신이 가치를 잘 모르는 것을 판단하거나 협상을 할 때 기준이 필요한데, 무의식적으로 처음 주어진 조건에서 크게 벗어나지 못하고 이를 기준으로 삼는 행태를 말한다. (출처: 한경 경제용어사전)

저 10,000원짜리를 보여 주고 5,000원짜리를 보여 주면 5,000원짜리는 상대적으로 싸게 느껴져서 쉽게 구매하는 일반적인 소비자 심리를 이용하는 것이다. 5, 8, 10, 16GB, 무한대 등등의 패키지를 보면 1GB 패키지는 왠지 너무 작은 것 같아서 중간 정도의 5GB 패키지가 적당하다고 생각하면서 선택하게 된다. 결국에는 사용하지 않고 남은 데이터는 통신사의 순수한 이득이 된다. 데이터를 많이 사용하고 음성통화를 많이 하지 않는 고객들도 남는 음성통화를 매달 포기하게 된다. 세상에서 사용하지도 않는 물건에 돈을 내는 이상한 구조를 고객들은 받아들여야 한다.

그리고 S씨가 가입할 때 가격이 높은 패키지를 90일 동안 이용하고, 3개월 이후에 알맞은 것을 선택한다고 하는 것도 사실 함정이 될 수 있다. 부지런하고 현명한 소비자도 많지만 이 세상에는 소위 귀차니스트형 소비자도 많다. 음성통화나 많은 데이터를 사용하지 않지만 신규 가입 시 계약한 고가 패키지를 계속 유지하는 사람들이 의외로 많다. 막상 3개월 이후에 변경하려고 하면 요금제도를 제대로 이해하기 어렵고 변경하기도 귀찮기 때문이다. 이건 소비자 개인의 잘못이 아니라 경제학적으로 소비자는 추가적인 정보 비용과 거래 비용을 내야 되기 때문에 실행을 미루는 자연스러운 현상이다. 소비자들은 일단 요금제를 바꾸려면 정보를 파악해야 한다. 그런데 통신사의 요금제도를 이해한다는 것은 상당한 학습이 필요하다. 심지어 판매원도 잘 모른다고 하는 요금제를 이해해야 하는데 상당한 시간과 노력이 필요하다. 사실 S씨도 몇 번이나 적당한 요금제를 찾아보다가 포기를 했다.

요금제 정보가 얼마나 복잡하면 정부가 나서서 스마트초이스 앱이라는 요금제 비교 사이트를 만들었다고 홍보를 할 정도이다. 개인의 산술 능력으로는 최적의 요금제를 찾아낸다는 것은 거의 불가능한 도전이다. 우리나라보다 비교적 간단한 요금제를 가지고 있는 일본에서도 휴대폰 소믈리에라는 직종이 생겨났다고 한다. 공식적으로는 휴대폰 프로판매원이라고 하는데, 소믈리에가 적당한 와인을 골라 주듯이 휴대폰과 요금제를 골라 준다는 것이다. 휴대폰과 요금제를 고르는 것이 와인 고르는 것만큼 어렵다는 의미이다. 이런 것들은 고객이 감수해야 할 정보 비용이 상당하다는 반증이다.

일단 요금제를 이해하고 찾았으면 통신사에 전화를 걸고 변경하는 절차를 거쳐야 한다. 물론 간단할 수도 있는 일이지만 고객은 이를 위해 반드시 본인이 직접 처리해야 하므로 거래 비용이 발생한다. 특히 가격에 둔감한 소비자이고, 높은 정보 비용과 거래 비용을 가진 귀차니스트나 바쁜 사람들이라면 완벽한 호갱이 되는 것이다. 그냥 얼마나 사용하는지 상관없이 신규 가입 시 지정한 요금을 계속 납부하는 것이다. 물론 가입한 패키지보다 더 사용한다면 어김없이 추가 비용이 계산되어 요금청구서에 나타난다. 통신사는 이래저래 이득을 본다.

최근에 통신사들은 가족끼리 통화 할인 또는 망 내(동일 통신사) 할인 등으로 마치 엄청난 가격 할인이 있는 것처럼 할인 제도를 홍보 한다. 사실 통신사들은 기본적으로 한 번에 대규모 시설투자를 하면 어느 정도까지 사용량이 늘어나도 특별한 투자나 비용이 발생하지 않는 원가 구조를 가지고 있다. 그래서 통신사 입장에서는 무조건 많이 사용하도록 유도하는 게 비즈니스에 유리하다. 고객의 입장에서는 사용료가 할인되어 통화 비용(단가)이 줄어드니 당연히 사용량을 늘린다. 예전의 분 단위로 일정 요금을 내는 게 익숙한 어머니, 아버지 세대들이 지금 젊은 세대들이 전화 통화를 하는 것을 보면 요금 많이 나온다고 깜짝 놀라실 것이다. 통신사들은 이렇게 추가 비용이 별로 늘어나지 않는 통화를 많이 하도록 유도해서 새로운 수요를 창출하는 것이다. 만일 통화 단가가 높다라면 사람들은 꼭 필요한 통화만 할 것이다. 그러나 현재는 필요도와 중요도와는 상관없이 전체적으로 통화량이 엄청나게 늘어나 있다. 우리나라의 1인당 월평균 통화량은 298분으로 전 세계에서 가장 많은 나라 중의 하나이고 주요 선진국의 통화량에 두 배에 달한다.

그러나 무료 또는 할인율 때문에 통화를 많이 하는 고객들의 습관은 통신사들에게 새로운 요금제를 만드는 좋은 기회가 된다. 일반적으로 통신비 요금청구서를 받아 보면 전월 통화량을 나타내는 막대그래프가 생각보다 많이 올라가 있다. 그리고 습관이 된 많은 통화량은 절대 줄어들지 않고 새로운 요금제를 선택할 때에는 좀 더 많은 음성통화량과 데이터량의 패키지를 선택해야 하는 상황이 된다. 그리고 통신사는 현란한 마케팅으로 신규 할인, 무료라는 새로운 패키지를 만들어 내는 것을 반복한다. 음성 통화 무제한을 사용하는 사람들은 왜 무제한 통화가 필요한지 깊이 생각해 보아야 한다. 콜센터 운영이나 특수한 업무를 하지 않는다면 일반 사용자는 무제한 통화를 할 이유가 없다. 통신사들은 영업을 위해서 소비자들에게 음성통화뿐만 아니라 데이터도 무조건 많이 쓰게 유도한다. 몇 년 전만 해도 월 10GB 이상 데이터를 사용하는 사용자는 극소수에 불과했다.

친구 B의 숨 가쁜 설명을 듣고 나니 S씨는 갑자기 호갱이 되었다는 기분이다. 그렇지만 다들 그렇게 사용하고 있는데 어떻게 해야 될지를 도무지 알 수가 없었다. 어차피 우리나라에는 알뜰폰을 제외하면 SKT, KT, LG U+ 세 개 회사밖에 없어서 선택이 제한적이고 세 개 회사의 요금표를 비교해 보아도 모두 비슷해서 꼭 집어 선택하기가 어렵다. 그러면 진화하는 통신사의 마케팅을 따라 잡으려면 어떻게 해야 할까? 수많은 통신사 직원들이 매일 출근해서 어떻게 하면 새로운 마케팅과 요금제를 만들어 낼까 생각하고 있는데 어떻게 합리적으로 대응할 수 있을까?

각 통신사에서 쏟아 내는 정보를 모두 이해하려고 개인이 정보/거래 비용을 투자하는 것은 바람직하지 않다. 가장 현명한 방법은 휴대폰 사용을 줄이는 것이다. 마치 요금제의 상한까지 사용해야지 손해를 보지 않는 것처럼 느껴지겠지만 오히려 사용을 최소화하는 것이 손실을 최소화하는 방법이다. 우리가 무제한 먹을 수 있는 뷔페에 가더라도 배 터질 때까지 과식하지 않는 것과 마찬가지이다. 꼭 필요하고 맛있는 것만 골라 먹어야 한다. 일단 습관을 바꾸어 음성통화이든 데이터이든 사용량이 줄어들면 통신사 콜센터에 전화를 해서 전월 사용량에 가장 근접한 요금제로 변경 요청을 하면 된다. 통신사의 인터넷에서 많은 정보를 찾으려 해서는 안 된다. 아무리 고등교육을 받은 사람들도 그 내용을 모두 이해하려면 상당한 시간이 요구되고 판단하기도 어렵다. 콜센터에 전화해서 물어

보고 답변을 이해하고, 그에 알맞은 요금제로 변경 요청을 하는 것이 가장 간단하다. 그리고 요금 청구서가 나올 때마다 콜센터로 전화하는 5분을 투자하면 상당한 금전적 이득을 확보할 수 있다. 그래서 사용량이 아주 검소한 수준에 이르면 선불폰도 사용해 볼 수 있다. 우리나라는 핸드폰 비용을 발신자, 즉 전화를 거는 사람이 내기 때문에 전화 걸기를 많이 하지 않는다면 충분히 경제적인 방법이 될 수 있다. 그리고 데이터는 최소 사용량을 정해 놓고, 평상시에는 와이파이(Wi-Fi)를 사용한다면 획기적으로 데이터 사용량을 줄일 수 있다. 경제적 관점에서는 월 10만 원을 더 벌기보다는 10만 원을 아끼는 방법이 훨씬 더 쉽다. 기업인 통신사의 마케팅에 맞서기보다는 좀 더 짠돌이 소비자가 되는 것이 경제적으로 훨씬 유리할 것이다.

★ **우리나라 이동통신에 관한 사실들**

– 이동전화 31주년 (1984년 서비스 시작)

– 우리나라 휴대폰 가입자 5,600만 명 (110% 보급률)

– 가계 지출 중 통신비 비중 4% (159,400원), OECD 25개국 중에서 2번째 (네덜란드 1위)

– 가계 통신비 단말기 (35.7%), 데이터 (29.9%), 음성통화 (25.2%)

5

출발하자마자 돈 쓰는 아울렛 쇼핑

매몰 비용과 준거가격

한동안 능력을 넘어서 무분별하게 명품을 추구하는 된장녀라는 말이 유행한 적이 있다. 이제는 누구나 명품을 하나쯤은 가지고 있다 보니 명품이 더는 명품의 대우를 받지 못하는 시대가 되었다. 명품의 일반화에 가장 많은 기여를 한 것이 명품 위주로 구성되어 있는 프리미엄 아울렛이다. 한국에 명품 아울렛이 본격적으로 생기기 전에는 명품을 조금이라도 싸게 구매하기 위해 해외 명품 아울렛이나 면세점을 찾는 것이 여행의 목적 중의 하나이기도 했다. 그러나 이제는 해외의 유명 명품 아울렛이 한국에도 곳곳에 생겨났다. 주말에 대도시 외곽에 위치한 아울렛을 가려면 차 막히는 것을 걱정해야 되는 상황이 되었다.

직장인 K씨는 주말에 데이트 코스로 근교 아울렛에 가기로 했다. 남자 친구는 별로 살 것이 없다고 하면서도 같이 오랜 시간을 보낼 수 있어서인지 별로 싫은 내색하지 않고 따라나섰다. 오전 일찍 드라이브 겸해서 출발을 했지만 나들이 차량 때문인지 좀처럼 속도를 내지 못한다. 운전하는 남자 친구는 투덜거리기 시작하지만, K 씨는 어차피 하루를 보내려고 마음먹었으니 별로 답답하지는 않다.

얼마 전에 생긴 프리미엄 아울렛에 도착하자 마음이 설렌다. 어릴 때 가 봤던 놀이동산을 온 기분이다. 마음 같아서는 모든 가게에 한 번씩 다 들어가 보고 싶다. 어차피 모든 가게를 하나하나 돌아볼 수는 없으니 안내지도에 갈 곳을 동그라미로 표시해 두고 오늘도 득템 하기 바라며 천천히 돌아보기로 했다. 정말 기분 좋은 하루이다. 한국에 이런 아울렛이 생겨서 원하던 명품을 싸게 살 수 있어서 정말 감사하다.

· 원래 게임에서 많은 아이템을 얻기를 바란다는 의미로 사용되었으나, 요즘은 운이 좋게 좋은 물건을 줍거나 얻는 것을 의미하기도 한다.

이들 젊은 연인은 하루 종일 넓은 아울렛을 뒤지고 다닐 것이다. 과연 어떤 쇼핑을 할지 궁금하다. 한국에 아울렛 전성시대가 왔다. 도시 근교의 넓은 부지에 세워진 아울렛과 더불어 도시형 아울렛까지 아울렛은 이미 친숙한 장소가 되었다. 한국에서 아울렛은 1994년 영등포구 당산동에 문을 연 2001아울렛이 효시로 알려져 있다. 그러나 2008년 신세계가 여주에 미국 브랜드인 프리미엄 아울렛과 합작으로 여주 프리미엄 아울렛을 개장하면서 명품 아울렛 시장이 본격적으로 열렸다. 여주 프리미엄 아울렛은 한 해 동안 400만 명이 방문하고, 세계 10대 아울렛으로 선정되면서 주목을 받았다. 지금은 외곽에 만평이 넘는 아울렛 매장이 서울 인근의 파주, 이천 등에 세워졌고, 부산 인근에도 매머드급 아울렛이 개장했다. 2013년도 아울렛 매출이 10조 원대 시장을 형성하면서 그야말로 폭발적인 성장을 하고 있다.

1년에 수백만 명이 찾는 아울렛의 비밀은 무엇일까? 도심도 아닌 먼 거리를 운전해 가야 하는 외곽에서 엄청난 매출을 올리는 비결은 무엇일까?

아울렛의 원조는 미국의 팩토리 아울렛이었다. 팩토리 아울렛은 제조 공장 인근에서 근처 주민과 공장 근로자들에게 과잉생산품이나 제조상 일부 손상이 있는 제품들을 상표 라벨을 제거하고 값싸게 제공해 주는 일종의 혜택을 주는 상점이었다. 그러나 점차 그 형태가 변형되어 오늘날의 유통 형태로 자리 잡았다. 아울렛은 여전히 타 유통 채널과는 다른 특성이 있다. 유통업체의 기본 조건인 소비자로부터의 접근성이 떨어진다. 대형 아울렛은 정말 큰마음 먹고 길을 나서야 하는 위치에 있다. 이는 물건을 구매하기 위해서 먼저 시간과 비용을 들여야 한다는 의미다. 소비자들은 기꺼이 시간과 돈을 투자하여 길을 나선다. 아울렛 업체들은 소비자들에게 길을 나서게 하기 위해서 엄청난 홍보를 한다. 한편 소비자는 스스로 현명한 소비를 위해서 아울렛으로 향한다.

K씨는 지갑을 살려고 아울렛에 왔는데 별로 마음에 드는 것이 없다. 어느덧 점심시간이 다 되어 아울렛에 있는 레스토랑에서 남자 친구와 점심을 하면서 이야기를 나누었다. 남자 친구는 별로 마음에 드는 물건이 없으면 돌아가자고 했다. 그러나 K씨는 여기까지

왔는데 조금만 더 돌아보고 가자고 한다. 본전 생각이 나기 시작한 것이다. 아침 일찍 출발해서 오전 내내 돌아다니고 허탕을 친 셈이다. 점심 이후 빅세일, 추가 세일 간판을 확인하고 새로운 물건들을 살핀다. 애초에 사려고 했던 지갑은 잊어버리고, 티셔츠, 운동화 등을 돌아보고 있다. 남자 친구의 손에 쇼핑백이 하나씩 늘어난다. 기본적인 50% 세일에 추가 10~20% 세일을 해서 몇 가지는 싼값에 소위 득템을 했다. 어느덧 늦은 오후가 되고 남자 친구는 주말 저녁 서울로 돌아가는 길이 막힐 것이라면서 돌아가자고 한다. K씨는 비록 지갑은 못 샀지만 오늘 산 물건들을 보면서 만족감이 가득하다. 돌아오는 차 안에서 오늘 횡재한 것을 SNS에 올렸다. 친구들이 엄청 부러워할 것이다.

사실 K씨는 본전 생각 때문에, 즉 경제학에서 말하는 매몰(埋沒)비용 때문에 적당한 지갑을 찾지 못했지만 보물찾기 하듯이 아울렛을 누비고 다닌 것이다. 아울렛까지 오는 비용과 시간을 생각한다면 본전 생각에 그냥 돌아갈 수 없었다. 아울렛에서 아무것도 구매를 못 해도 이미 그 시간, 비용과 노력은 투자되었다. 그렇다면 그에 따른 손실(비용)을 보상받아야 했다. 손실보상은 조금이라도 더 할인된 제품을 구매해야 한다는 심리적인 절박감으로 오후 시간 동안 쇼핑에 집중했던 것이다. 이러한 상태는 객관적인 판단보다는 주관

매몰비용(Sunk Cost)
일단 지출한 후에는 어떤 선택을 하든지 회수할 수 없는 돈: 경제학에서는 이미 비용이 지출되고 계획이 실행된 후 회수할 수 없는 매몰비용을 고려하게 되면 합리적인 의사결정을 할 수 없다고 본다. 즉 이미 투입된 매몰비용을 자꾸 생각하면 합리적인 의사결정을 내릴 수 없어 잘못된 판단을 하게 된다. (박문각 시사상식사전)

적인 생각이 앞서서 조금이라도 추가 할인이나 좋은 조건이 있다면 기꺼이 지갑을 열 준비가 되어 있는 상태이다. 특히 이곳은 명품 아울렛이 아닌가? 기본적으로 좋은 브랜드만 모인 곳이다. 할인 조건만 좋다면 어떤 것을 고르더라도 이득이 될 것 같다. 내 돈을 쓰는 것이 이득이 된다는 심리적인 논리가 작용하는 것이다.

아울렛에서는 기존의 정찰 또는 권장소비자가격에 보통 30~50% 할인을 해 주는 것이 통상적이다. 그리고 브랜드와 행사 종류에 따라서 10~20% 추가 할인을 해 주는 경우도 있다. VIP 고객들에게는 추가 할인 쿠폰북을 주기도 한다. 할인하기 전 상품에 붙어 있는 가격이 구매자에게는 판단의 기준이 된다. 이 가격이 준거가격(reference price)이 되는데 여기에 상당한 함정이 존재한다. 누가 그 가격의 진위를 확인할 수 있는가? 아울렛에 나온 물건은 이월 상품이거나 경미한 하자가 있는 상품이라고 알려져 있다. 이런 제품의 가격표에 표시된 가격이 적당한 판매가가 될 수는 없지만 결과적으로 소비자에게 준거가격이 되는 것이다. 특정 브랜드는 아예 아울렛용 제품을 생산하기도 한다고 알려져 있다. 그러면 아울렛용 제품에 표시된 가격의 근거는 무엇인가? 이런 상황과 상관없이 소비자들은 준거가격에 심리적으로 흔들리게 된다. 가령 80만 원의 가격표가 붙은 핸드백이 50% 할인에 추가 10% 할인을 해서 36만 원에 살 수 있다면 많은 구매자들은 감정적으로 흔들리게 된다. 그러나

준거가격(Reference Price)
소비자들은 어떤 상품을 평가할 때 자신의 기준이나 경험을 토대로 품질을 인식하고 가격을 부여한다. 이때 소비자가 부여한 가격이 바로 준거가격이다. 소비자들은 구매할 상품의 가격을 놓고 저울질할 때 가격 자체를 절대적으로 평가하지 않는다. 준거가격에 기준해 상대적인 평가를 내린다. (동아비지니스 리뷰 2008. 04 조지프 누네즈, 남캘리포니아대(USC) 교수)

같은 상품을 40만 원에 표시하고 10% 할인을 해서 36만 원에 판매를 한다면 구매자들은 냉정하게 판단을 하고 지갑을 여는데 주저하게 된다. 이것이 표시된 정가의 함정이다. 원래 80만 원짜리인지 40만 원짜리인지는 누구도 모른다. 미국에서는 아울렛용으로 만든 제품의 가격에 정상 매장용 제품의 정가를 표시한 것을 문제 삼아 많은 소송이 제기 중이다.

소비자는 매몰비용을 보상받기 위해 아울렛을 끝까지 헤매기 시작하고, 심리적으로는 판매자의 조건을 쉽게 받아들일 준비가 된 봉이 되는 것이다. 아무리 냉정하고 합리적인 소비자라 해도 50~100km를 달려가 소비자가 구매하려던 제품을 못 찾았다고 해서 빈손으로 돌아오는 경우는 없다고 보아야 한다. 일단 아울렛에 주차하는 순간 무엇인가를 구매하게 되어 있다. 최소한 50% 할인한 스포츠 티셔츠나 신발 한 켤레는 손에 들려 있을 것이다.

아울렛 업체들이 가장 노력을 기울이는 것은 우리가 아울렛을 가겠다고 집 밖으로 나서고, 내비게이션에 ○○○아울렛이라고 입력하게 만드는 것이다. 이 순간에 업체들은 이미 최소한의 매출을 확보하는 것이다. 프리미엄 아울렛 이용객 1인당 평균 구매액(객단가)은 10~15만 원이다. 주차장에 들어온 차량에 탑승 인원에 10~15만 원을 곱하면 매출이 계산된다. 아울렛은 심심할 때 놀러 가는 놀이동산이나 테마 파크가 아니다. 아울렛 주차장을 들어서는 순간 우리는 핸디캡을 가지고 심리 게임을 해야 된다. 물론 상대의 진영에 들어선 순간 게임은 기울어져 있다.

6

왜 대형마트만 가면 많이 살까

섹스보다 강력한 할인의 쾌감, 1+1의 마법

　　주말 오후 낮잠을 즐기던 회사원 P씨는 아내의 우렁찬 목소리에 잠을 깼다. 아내는 주말이 끝나기 전에 일주일 치 먹을 거리를 사러 가야 한다고 P씨를 흔들어 깨웠다. 사실 P씨는 주말에 대형마트에 가는 것을 죽기만큼이나 싫어한다. 주차를 하려고 한없이 기다려야 하는 것도 힘들지만 웅성거리는 사람들 목소리와 주말이면 외쳐 대는 판촉사원들의 고함까지 소란함에 정신을 차릴 수가 없다. 그렇다고 주말에 여기를 따라가지 않았다가는 일주일 내내 아내의 차가운 대우를 견뎌 내야 한다. 이번 주말도 어김없이 주말 대형마트 행이다. 사실 아파트에서 별로 멀지 않아서 운동 삼아 걸어가도 되는 거리이지만, 아내는 살 물건들이 많다고 차를 운전해가야 한다고 한다. 아내는 나간 김에 애들이랑 가볍게 저녁까지 하자고 하면서 애들을 데리고 나선다. 대형마트가 확장 공사를 하고 푸드 코너가 생기면서 우리 가족의 외식 장소가 되어 버렸다. 오늘도 잠깐의 외출이 아니라 기나긴 주말 오후가 될 것 같다.

언제부터인가 주말이면 대형마트를 다녀오는 것이 중요한 일이 되었다. 대형마트가 생긴 지 얼마나 되었다고 이렇게 모든 것을 대형마트에 의존하는지 이해가 되지 않는다. 온 가족이 일주일 동안 집에서 먹는 식사라고 해 봐야 몇 번 되지도 않는데 무엇을 그렇게 사다 나르는지 도무지 이해가 되지 않는다.

대형 할인점 근처에 도착하자 어김없이 주변 도로는 주차장을 방불케 하고, 주차요원들이 호루라기를 불어 댄다. 막상 건물에 들어서도 주차할 자리가 마땅치 않다. 몇 번을 돌아서 주차를 하고 대형 쇼핑 카트를 밀고 에스컬레이터를 타고 내려간다. 작년에 이곳 대형마트는 한 층을 더 확장해서 3개 층이나 된다. 쇼핑할 때 여자들은 왜 그런지 각층을 다 돌아보려고 한다. 그냥 꼭 필요한 것만 사면 되는데 이것저것 하나씩 모두 보려고 한다.

오늘도 아내는 3층 서적 코너부터 돌아본다. 그냥 인터넷 서점에서 사면 집까지 배달도 해 주는데 서점도 아닌 여기서 왜 책을 고르는지 도무지 이해를 할 수가 없지만 어쩔 수 없다.

대형 쇼핑카트가 도서 코너에는 들어가지 않아서 P씨는 입구에 멍하니 서서 핸드폰을 만지작거리고 있다. 아내는 아마도 족히 10~20분은 여기를 떠나지 않을 것이다. P씨는 옆에 있는 광고 문구를 보고 피식 웃었다.

"○○○할인점, 최저가 보상, 가장 싼 가격

● **쇼핑카트의 기원**
1937년 미국 오클라호마시티의 험프티 덤프티(Humpty Dumpty) 슈퍼마켓 체인의 소유주인 실반 골드만(Sylvan Goldman)이 처음으로 소개했다. 초기에는 남자들은 여자처럼 보인다고 싫어했고, 여자들은 마치 유모차를 미는 것 같다고 생각해서 외면했다고 한다. (완벽한 가격, p. 98, 랜덤하우스 코리아)

으로 소비자에게 혜택을 돌려 드립니다."

할인점. 이름은 좋지만 요즘 할인이라고 하지 않는 곳이 어디 있는가? 어디를 가도 할인이라고 대문짝만하게 걸어 놓기 마련이고, 몇 퍼센트 할인한다는 숫자만 가득하다. 소비자들은 이제 할인이 없는 물건을 사는 것이 더 이상하게 되었다. 생각을 해 보면 대형할인점이란 것이 한국에 생긴 지 불과 20여 년밖에 안 되었는데 언제부터 대형할인점이 생활에 없어서는 안 되는 일부분이 되었던 말인가? 그리고 할인이라는 말을 믿을 수도 없다. 이제는 항상 같은 곳만 오게 되니 비교 대상도 없어졌다. 더구나 대형마트 자체 상표(PB: Private Brand)가 생겨나면서 비교 자체가 불가능하게 되었다. 얼마를 할인한다는 것인지 일반 소지자들은 알 수가 없다. 근처의 작은 슈퍼들은 편의점에 밀려 사라졌고, 재래시장을 가본 지는 햇수로 헤아려야 될 것 같다. 그러다 보니 자주 가는 대형마트의 상품의 종류가 선택의 기본이 되었고, 가격 비교가 불가능하게 되었다. 대형마트는 엄청나게 많은 종류의 물건을 공급해서 다양한 선택을 할 수 있는 것 같지만, 사실은 그들이 선택해서 제공하는 물건만 볼 수 있다는 함정이 있다. 마치 소비자들은 어항에 갇혀 버린 물고기 꼴이 되었다.

정신없이 층층을 헤매고 다니다가 카트에 타고 있던 둘째 놈도 짐에 치여서 내리고, 이제는 카트의 앞이 안 보일 정도로 물건이 한가득이다. 기나긴 쇼핑 여정이 끝나고 계산대에 도달하니 줄이 뱀꼬리처럼 이리저리 길게 늘어져 있다. 들어올 때는 줄을 서 본 기억이 한 번도 없는데 계산대는 항상 만원이다. 이런 와중에 P씨 아내는 또 잊은 것이 있다면서 줄을 서서 기다리라 하고는 휙 하고 사라졌다. 계산대 앞에 선 사람들은 모두 카트에 물건을 산더미처럼 쌓고 있으니 아마 카트가 계산대에 닿기 전에 아내는 돌아올 것이다. P씨는 정신없이 분주한 계산대 앞에서 생각에 잠긴다.

아내가 할인점에서만 사용하는 신용카드 대금이 매달 생활비의 1/3은 되는 것 같다. 예전에는 한 번 나올 때마다 10만 원 정도 쇼핑이면 충분했는데 이제는 한도가 없이 올라가는 듯하다. 한번에 수십만 원짜리 단가가 큰 것이 보태지면 50만 원을 넘길 때도 있다. 예전에 어머니들은 매일 시장을 다니면서 가벼운 장바구니 하나 들고 가셨다 오시면 온 가족들이 풍족하게 먹었는데 왜 이렇게 많은 물건들이 필요한지 궁금할 따름이다.

할인, 저가, 최저가보상제, 1+1, 단독행사, 시식행사 등 정신이 없이 한두 시간을 보내고 계산대를 통과하면 두루마리 휴지만큼이나 긴 영수증을 받아 들게 된다. 생활비가 너무 올랐다고 뉴스에도 사람들도 이구동성으로 이야기한다. 예전에 비하면 물가가 많이 오르긴 했다. 그런데 어딜 가나 할인행사를 하는데 왜 물가가 올랐다고 아우성인가?

도대체 왜 대형 할인점만 오면 정신없이 물건을 담게 되는가? 사람들은 정말 저 물건들이 모두 필요해서 사는 것일까?

할인이라는 것은 사람들에게 상당한 심리적 만족감을 준다. 물건을 싸게 구매할 때 반응하는 뇌 작용을 보면 섹스나 마약을 했을 때 작용하는 부분과 유사한 부분에서 반응을 보인다고 한다. 필요한 물건인지가 중요한 것이 아니라 싸게 샀다는 행위 자체에 엄청난 쾌감을 느낀다. 때로는 필요한 물건을 구매해서 얻는 만족감보다 싸게 샀다는 그 거래 자체로 만족감을 얻는다. 할인점의 마케팅 담당자들은 이 점을 잘 알고 있다. 그래서 일단 매장 안으로 들어온 고객들에게 이보다 더 싼 가격은 없다고 안심시키고, 지금이 마지막 기회라고 구매를 부추긴다. 그러면 고객들은 구매 계획이 없었던 제품 앞에서도 망설이게 된다. 저녁 무렵 행사를 하는 생선 코너나 즉석음식 코너에는 어김없이 긴 줄이 이어지는 것은 당연하다.

심리학적으로 보면 이것은 안정심리와 경쟁 심리를 동시에 부추기는 것이다. 일단 남들보다 싸게 살 수 있다는 쾌감과 내가 가장 좋은 조건에 물건을 산다는 만족감을 동시에 주면서 물건을 카트 안으로 담게 된다.

대형 할인점들은 기본적으로 의외의 상품을 구매하도록 만들지는 않는다. 기초 생필품이나 생활에 필요할 것 같은 상품들을 적극 홍보한다. 가장 흔한 시식 코너를 보자. 쇼핑을 하기 위해서 집을 나설 때 냉동 만두를 구매할 계획은 없었지만, 시식행사 대에서 만두 한 점을 먹고 나면 생각이 달라진다. 시식대 판매원은 한 마디를 더한다. 출시 기념으로 오늘만 30% 세일을 한다고 한다. 그러면 집에 남아 있는 만두는 전혀 개의치 않고, 새로운 냉동만두를 집어 들게 된다. 필요해서가 아니라 일단 할인을 하니까 사게 되는 것이다. 이 만두는 쇼핑에서 돌아온 뒤 냉동실로 직행을 하게 되고 언제 다시 밖으로 나올지 모른다. 중요한 사실은 이 만두가 다시 냉동실에서 나올 때 효용가치는 현저히 떨어져 있다. 꼭 안 사도 되는 물건이었다. 언젠가는 필요할 것이라는 그럴듯한 설득에 지갑을 열게 되는 것이다.

대형 할인점의 마케팅 전략은 전체적으로 할인이라는 기본 설정으로부터 소비자 행동심리학을 바탕으로 한 수많은 연구 결과의 집합물이다. 매장의 기본 동선, 그리고 제품의 진열, 소비심리 유도 등 수많은 전략과 전술을 담고 있다. 일반 소비자들은 전문가들이 펼치는 마케팅 향연에 꼭두각시처럼 행동을 할 수밖에 없다. 주말 오후 쇼핑을 가서 이런 것을 모두 분석할 사람은 없고, 그들이 의도한 대로 따라 움직이는 것이 당연한 결과이다.

우리는 미국과는 다른 생활문화를 가지고 있지만 주말의 쇼핑은 점차 미국 문화를 따라가는 듯하다. 도심과 먼 거리에 거주하고 있어 한번 쇼핑을 할 때 대량 구매를 해야만 하는 미국의 문화가 창고형 대형마트를 탄생하게 했다. 그런데 도심에 사는 우리가 그런 구매 패턴을 따라 하고 있는 것이다. 업체 입장에서는 다른 생활문화임에도 불구하고 업체의 이해에 따라 구매 패턴 이식을 잘한 것이고 고객들은 유도하는 대로 순응한 것이다.

냉장고 크기가 엄청나게 커지고 김치냉장고 (1995년 딤채가 출시)가

1995년 만도기계(현 위니아만도)의 김치냉장고 '딤채' 출시로 대중화되었다. 최초의 김치냉장고는 금성사(현 LG)가 1984년 3월 내놓은 45리터 용량의 GR-063 모델이다. 그러나 최초의 금성사 김치냉장고는 성공하지 못했고 10여 년이 지난 후 히트 상품으로 태어났다.

등장한 것은 대형 할인점의 등장(1993년 이마트 창동점 개점)과 뗄 수 없는 관계이다. 환경적으로는 수도권의 신도시가 90년대 초반에 생겨나면서 상대적으로 넓은 주거 공간을 얻게 되었다. 소비자들은 새로운 가전제품으로 대형/양문형 냉장고, 김치냉장고를 사들이게 되면서 대형 할인점은 소비에 날개를 달아 주었다. 또 대형 할인점을 이용하기 시작한 고객들은 대형 냉장고로 교체하고 김치냉장고를 사들이게 되었다.

생활환경이 유사한 일본을 돌아보면 우리와 상당히 다른 모습을 볼 수 있다. 일본에서는 일단 도심에는 대형 할인점이 없다. 법으로 입점이 규제가 되어 있다. 많은 사람들은 동네의 좀 큰 슈퍼마켓에서 장을 본다. 당연히 주차장이 있는 곳이 드물다 보니 자전거나 도보로 간다. 그리고 들고 올 수 있는 만큼만 쇼핑을 하게 되어 있다. 물론 상대적으로 자주 가야 하는 불편함이 있다. 그래서 퇴근하면서 간단히 장을 보는 사람들도 많다. 이런 환경에서는 당연히 대형, 대용량 포장은 찾아볼 수 없다. 일반 가정집에서 휴지를 30~40개씩 쌓아 놓을 필요가 없는 것이다.

다시 한국의 상황을 돌아보면 대형 할인점은 도심 곳곳에 위치하고 있고 일주일에 한두 번씩 구매를 하러 가는데도 생필품들이 대형 포장 위주로 되어 있다. 마케팅을 통해 사람들에게 대형 포장을 사면 싸다는 심리를 굳건히 심어 놓았다. 사실 대형 포장이 더 싸다는 것은 전혀 입증된 바가 없다. 그러나 어느 샌가 많은 물품들이 대형 포장으로 바뀌었다. 대형 포장이 더 쌀 것이라는 근거 없는 믿음과 업체의 마케팅이 완벽한 조화를 이루고 있는 것이다. 업

체 입장에서는 한번에 대용량 판매는 비용 측면에서 엄청난 이득을 가져다준다.

P씨는 눈앞에 있는 카트를 다시 한 번 보게 된다. 이게 우리 네 식구에게 전부 필요한 것인가? 계산대의 줄이 짧아질 무렵 아내는 양손에 물건을 가득 들고 카트가 있는 위치로 돌아왔다. 1+1행사를 한다고 새로 나온 인스턴트커피 한 박스를 샀다면서 너무 신이 났다. 이 사람은 도대체 물건을 사러 온 것인지 쇼핑 놀이를 하러 온 건지 이해가 안 된다. 매일 한 잔씩 먹어도 6개월은 족히 먹을 것 같은 저 인스턴트커피 박스는 도대체 왜 산 건가? 그리고 신제품이어서 무슨 맛인지도 모르면서 한꺼번에 저렇게 사다니 이해하기 정말 어렵다.

대형마트는 일단 소비자를 그들의 장소에 끌어들이기 위해 최선을 다한다. 특히 주말이 다가 오면 신문광고, 전단지, 메일 쿠폰 등으로 눈을 의심하게 하는 가격들을 대문짝만하게 보여 준다. 사실 이런 엄청나게 싼 가격의 물건들은 수천, 수만 가지 제품 중에서 몇 가지에 불과한 미끼 상품(loss-leader product)으로, 업체들은 의도적으로 이윤 없이 또는 적은 손실을 감수하고 만들어 내는 것이다. 이런 마케팅들이 주말에 무언가를 해야 한다는 심리적 강박관념을 가진 사람들을 매장으로 오게 하고 커다란 카트를 밀게 되는 순간 그들의 노력은 반쯤 성공한 것이다. 그리고 현란한 기술로 커다란 카트를 가득 채우게 만든다. 그러고는 현금을 셀 필요도 없이 신용카드로 모든 것을 해결해 준다. 소비자들은 신용카드 영수증에 찍힌 지급 금액보다 기나긴 영수증 가장 아래에 적립되었다는 포인트에 더 눈이 간다. 포인트를 보면 마치 무언가를 공짜로 얻은 듯하다. 엄청난 금액을 내고 쥐꼬리만 한 포인트를 얻고 마치 선물이나 받은 듯이 흐뭇해하는 것은 비이성적인 행위이다. 반면에 포인트는 업체의 승점과 같은 것이다. 오늘도 당신은 쇼핑 카트의 가득 찬 물건과 포인트를 보면서 뿌듯하게 돌아가지만 신용카드로 결제한 금액은 채무로 남고, 업체에게는 매출로 기록된다.

업체는 필요와는 상관없이 소비자에게 최대한 많이 사게 하려고 충동질을 하고, 구매를 통한 효용의 만족이 아니라 심리적 만족감을 주려고 노력한다. 항상 무언가를 잘 샀다는 뿌듯함은 쇼핑과 동시에 느끼지만, 신용카드 청구서는 시간이 지나야 돌아온다.

P씨는 돌아오는 차에서 아내에게 차근차근 대형마트에서의 쇼핑에 대해 설명을 했다. 아내는 그래도 할인점이 가장 싸다고 항변을 한다. 싼 것이 중요한 것이 아니라 소비의 양을 설명해 주었다. 꼭 필요하지 않은 물건을 지속적으로 구매하는 것이 문제이지, 싸고 비싼 것이 문제는 아니라고 설명해 주었다. 업체는 비싸게 팔려는 것이 아니라 더 많은 것을 사도록 한다. 집에 돌아와서 쇼핑한 물건들을 정리하면서 아내도 공감을 하는 듯하다. 방금 산 냉동식품들이 들어갈 냉동실도 부족하고, 김치냉장고와 대형 냉장고에 이리저리 잘 정리했지만 안쪽에는 도대체 무엇이 있는지 모를 지경이 되었다. 아내도 항상 쇼핑만 갔다 오면 생각했던 것보다 더 많이 사게 된다고 한

다. 그리고 생활비도 너무 많이 든다고 한다. 그러나 생각은 그렇지만 일단 대형마트에 들어서는 순간 이런 다짐은 물거품이 된다.

업체의 화려한 마케팅에서 벗어나는 방법은 의외로 간단하다. 일단 가까운 거리에 할인점이 있다면 걸어서 가는 방법이다. 차가 없다면 꼭 필요한 물건 이외에는 사지 않게 된다. 그리고 출발하기 전에 구매할 목록을 정리해 가는 것이다. 그러면 필요한 물건만 찾아서 구매하려고 노력하게 된다. 할인점은 놀이공원이 아니라 물건을 사는 곳이다. 목적성 없이 이곳저곳을 돌아보면 쇼핑카트에 물건만 쌓이게 된다. 집 근처에 작은 슈퍼나 채소 가게가 있다면 그곳을 자주 이용하는 것도 현명한 소비의 한 방법이다. 싸고 비싸다는 기준보다는 내게 필요한 것인가 아닌가가 더 중요하다. 꼭 필요하지 않은 2,000원짜리 물건을 1,000원에 산다고 해서 현명한 소비가 되지는 않는다. 짜장면을 1+1행사한다고 배 터질 때까지 두 그릇을 먹지는 않는 것이 상식이다.

이런저런 방법으로 노력해도 통하지 않는다면 마지막 방법은 항상 현금으로 내는 것이다. 신용카드를 쭉 그어서 결제하는 것보다는 현금으로 내면 최소 20~30%의 구매금액을 줄일 수 있을 것이다. 물론 계산대의 직원이 현금으로 계산하는 당신을 신기한 눈으로 쳐다볼 것이다.

★☆ **국내 대형마트에 관한 사실들**

－국내 대형마트 점포수 : 이마트 148개 (28.7%), 홈플러스 140개(25.1%), 롯데마트 116개(15.7%)

－불공정거래행위 : 판촉행사, 직원 파견 강요, 비용 전가, 경영 정보 제공 강요등

－2013년 대형마트 총매출액 48조 6,000억 원(전자신문 2015년 11월 3일 5면)

7 커피는 왜 비쌀까

회사원인 H씨는 최근 자신의 이번 달 신용카드 사용내역서를 보고 커피와 핸드폰 요금이 엄청나게 많이 나온 것을 알고 깜짝 놀랐다. 각종 쿠폰과 할인 혜택을 꼼꼼히 챙겨서 할인을 받았는데도 거의 매일 커피를 마시다 보니 커피값에만 한 달에 10만 원 정도를 넘게 쓰고 있었다. 거기다가 핸드폰 요금까지 더하면 매달 기본적으로 20만 원에 가까운 돈을 지출하고 있었다.

이런 기본 지출이 사회 초년생인 H씨에게는 만만치 않은 부담이다. 매일 먹는 커피값이 너무 비싸다는 생각을 하면서도 도저히 끊을 수가 없다. 사무실에 있는 인스턴트 커피믹스를 먹으면 돈은 좀 아낄 수는 있겠지만, 점심식사 후 오전의 업무 스트레스를 달래 주는 커피전문점의 커피를 포기할 수가 없다. 커피전문점에서 사 먹는 커피는 업무 스트레스를 달래 주는 하루의 낙이다. 그래서 비용 부담을 무릅쓰더라도 사 먹는 커피를 포기할 수가 없다.

H씨가 근무하는 빌딩에는 유명 브랜드 프랜차이즈 커피전문점과 작은 개인 커피전문점을 포함해서 10개 이상의 커피전문점이 있다.

그렇게 많은 커피전문점이 모두 장사가 잘 된다는 게 신기하지만, H씨처럼 이 빌딩에 있는 사람들이 커피전문점에 월 10만 원씩 쓴다면 이들에게 돌아가는 수익은 엄청난 금액이다. 그 돈이 아마 이렇게 많은 커피전문점을 유지시켜 주는 것 같다.

오늘 같은 수요일은 상대적으로 업무가 조용한 날이다. 같은 사무실의 직원들과 점심을 먹고 커피 한 잔 하자면서 빌딩 1층 스타벅스에 모였다. 사람들은 5,000원짜리 점심을 먹고, 4,000원짜리 커피를 마신다고 한마디씩 하지만 H씨는 이 시간이 하루 중에서 가장 편안하고 행복한 시간이다. 짧은 점심시간이지만 동료들과 이야기도 하고 커피를 마시다 보면 스트레스가 날아가 버리는 것 같다. 커피값이 좀 부담스럽기는 하지만 점심 이후에 커피 한 잔은 하루를 지탱해 주는 에너지와 같다. 커피를 포기하는 것보다는 다른 것을 좀 줄여서라도 커피는 마시고 싶다.

다만 불만스러운 것은 도대체 왜 커피값은 이렇게 비싸고 하루가 다르게 가격이 오르는가 하는 점이다. 가격이 올라도 사람들이 찾기 때문에 그렇게 많은 커피점이 생겨나겠지만 도무지 계속 오르는 커피값은 이해할 수가 없다. 언론보도를 보면 커피값에 거품이 끼었다고 하는데 정말 거품인가 하는 생각을 하게 된다. 한 잔에 1,500원 정도만 되어도 매일 마음 놓고 즐길 수 있을 것 같은데 너무 아쉽다. 그리고 커피값이 점포별로 두 배나 차이가 나는데 도대체 어디에서 사 먹는 것이 현명한 건지 판단을 할 수 없다. H씨가 근무하는 빌딩에도 1,000원짜리 패스트푸드점 커피부터 6,000원짜리 커피까지 있다. 비교적 비슷한 맛인 아메리카노만 해도 1,000원부터 4,000원까지 있는데 무엇을 골라야 바가지를 쓰지 않고 제대로 고르는 건지 도대체 알 수가 없다.

　최근에 옆 빌딩에 새롭게 대형 프랜차이즈 커피전문점이 오픈을 했다. 그냥 또 하나가 생기나 보다 했는데 막상 문을 열고 보니 전혀 새로운 곳이었다. 소위 말하는 프리미엄 커피전문점이 생긴 것이다. 시내 중심가에 몇 군데가 있다는 이야기는 들었지만 여기 오피스타운에도 생긴 것이다. 오픈 이후에 행사 때 찾은 프리미엄 커피전문점은 고급스러운 인테리어에 붐비지 않아서 분위기가 너무 마음에 들었다. 그리고 커피도 직접 로스팅을 해 주니 커피 향이 마음에 쏙 들었다. 평소에 접하기 어려웠던 커피들을 경험해 볼 수 있어서 호감이 갔다. 케냐 캉 구누, 파나마 에스메랄다 게이샤 등 듣기에 어렵기는 하지만 그래도 호기심이 저절로 생겨났다. 그러나 가격이 생각보다 너무 비쌌다. 좀 특별한 커피브랜딩은 10,000원이 훌쩍 넘는다. 신문기사에서 보니 스타벅스가 스타벅스 리저브라는 브랜드로 내놓은 프리미엄 커피인 코나 페리 에스테이트는 한 잔에 12,000원이라고 한다.

　평소에도 커피에 너무 많은 돈을 쓰는 것 같아서 마음이 불편했는데 이곳 프리미엄 커피전문점의 커피는 유명 프랜차이즈점의 비싼 커피보다도 두 배에 가까운 가격이다. 커피값은 천정부지로 오르고 유일한 즐거움이었던 커피 한 잔의 여유가 엄청난 부담이 되는 현실이다. 왜 생활의 즐거움이었던 커피가 이제는 고르는 데 망설이고 고민해야 되는 애물단지가 되었는지 정말 답답하고 짜증이 난다.

오후에 회사 마케팅팀 K팀장과 외출을 하다가 우연히 커피값 이야기를 했다. K팀장은 커피를 좋아하지만 커피전문점 커피는 업무상 미팅 때가 아니면 마시지 않는다고 했다. K팀장은 커피전문점 커피의 원가가 얼마인지 아느냐고 물었다. 솔직히 커피값이 비싸다고는 생각을 했지만 원가가 얼마인지는 깊이 생각해 보지 않았다. 대략 1,000~2,000원 정도 하지 않을까 생각을 했다. 그런데 팀장은 대략 600원 정도라고 했다. 그러면 600원짜리 커피를 4,000원을 주고 사기에는 너무 비싸다는 생각이 들었다. K팀장은 마치 커피의 전문가인 듯 커피의 원가를 설명했다. 커피 원두, 커피 컵 등 재료비 500~650원에 불과하다는 것이다.* 커피값 가운데 커피전문점 임대료가 차지하는 비중이 가장 크다고 한다. 그런데 H씨는 종종 시간이 없어 커피를 테이크아웃을 하는데 왜 비싼 임대료까지 커피값과 함께 내야 되는지 이해가 잘 가지 않았다. K팀장은 잘 생각해 보라고 하면서 우리 건물에도 커피값이 비싼 대형 커피전문점은 모두 1층에 있고, 작은 개인 커피점은 2층이나 지하에 있다고 한다. 그러고 보니 1층에는 모두 대형점만 있는 것 같다. 그리고 1층에 있는 커피전문점은 커피값도 비싸고 널찍한 자리를 차지하고 있다.

우리나라에서는 커피 원가의 절대적인 부분은 점포 임대료이다. 커피전문점이 전국적으로 2만 개 이상으로 늘어나면서 거의 모든 빌딩의 1층은 커피전문점으로 채워져 있다.

* "스타벅스코리아의 재무제표를 좀 더 살펴보면 매출액에서 원재료 값이 차지하는 비중은 13%에 불과하고, 인건비 25%, 임차료 20%, 감가상각비 7% 등 고정비가 절대적으로 많다. 즉 5,000원짜리 스타벅스 커피의 원가는 재료비 650원, 인건비 1,250원, 임차료와 감가상각비 1,350원 등으로 이루어져 있다는 의미다." ([박동흠의 생활 속 회계이야기] 재무제표를 보면 커피 원가가 보인다. 경향신문, 2015. 10. 4)

그러다 보니 커피전문점이 들어설 수 있는 자리의 임대료는 엄청나게 치솟았다. 서울 강남에 있는 중형 규모의 커피전문점(50평)의 임대료는 월 2,000만 원 정도이다. 하루에 650,000원이 넘는 임대료를 내고 있는 것이다. 정말 물 팔아서 이런 임대료를 내야 하는 것이다.

커피 원두의 원가보다 임대료 원가가 더 비싸다면 내가 먹는 커피보다 자릿값이 더 비싸다는 이야기가 된다. K팀장은 지금 대로변의 커피전문점은 커피를 파는 것이 아니라 커피전문점의 자리를 파는 것이라고 이야기한다. 듣고 보니 그럴듯하다. 빌딩의 구석에 있는 커피점은 커피값이 1,500원이긴 하지만, 사실 커피 맛은 괜찮은 편이다. 단지 싼 커피 같은 느낌이 들고 앉을 자리가 없어 테이크아웃만 가능해서 솔직히 잘 가지는 않는다. K팀장은 내가 사는 커피의 원가 중 70~80%는 커피와는 전혀 상관없는 비용이라고 열변을 토한다. 그리고 그는 일부 멋 부리고 잘난 척하고 싶어 하는 사람들이 브랜드 커피전문점 커피를 남들에게 보란 듯이 들고 다니는데, 그런 사람들은 브랜드 비용을 내는 것이라며 비난조로 이야기한다. 그러나 H씨는 사실 커피를 들고 다니면서 그렇게 보여주고 싶은 마음은 없었다. 그냥 조용히 커피 한 잔을 즐기는 기분이 좋았을 뿐이다.

사실 커피를 사는 데는 여러 가지 기능이 숨어 있다. 어떤 사람은 단순히 커피를 마시러 커피전문점에 가는 것이 아니라, 사람을 만나기 위해서 가기도 하고, 남는 자투리 시간을 보내기 위해서 가기도 한다. 대학가에서는 커피전문점들이 마치 도서관 역할을 하기도 한다. 커피점주들은 커피 한 잔으로 하루 종일 와이파이(Wi-Fi)와 전기를 무한정 사용하는 손님들 때문에 비용이 많이 든다고 하소연을 한다. 그렇다고 장기간 머무르는 손님을 쫓아낼 수도 없는 형편이다. 이런 손님들은 커피 자체를 구매한다기보다는 머무를 자리, 공간을 구매하는 손님이다. 커피전문점은 모든 손님들이 사용하는 비용을 합하여 원가와 이익을 산정하니 장기간 머무르는 손님들은 같은 가격에 가장 많은 혜택을 누리는 손님이다.

커피전문점 점주들이 가장 선호하는 손님들 누구일까? 당연 테이크아웃 손님들이다. 테이크아웃 손님들은 같은 가격을 내고 커피만 달랑 가지고 가니 원가 중에서 가장 많은 부분을 차지하는 매장 사용을 최소로 하고 있다. 프리미엄 커피전문점에서 제일 비싼 커피를 테이크아웃하는 손님은 점주들 입장에서는 정말 고마운 손님이다.

영국에서는 커피값이 아니라 시간당 비용을 내는 커피전문점도 생겨났다. 이용료는 1분 단위로 정산이 되며 1분에 3펜스(53원) 그리고 1시간이면 대략 1.8파운드(약 3,100원)이다. 치페르블라트(러시아어로 시계 눈금판이라는 의미)는 원래 러시아의 카페 체인이었으나 영국으로 점포를 확장했다. 치페르블라트는 양질의 원두로 볶은 커피, 차 그리고 스낵을 제공한다. 그러나 이런 것들은 모두 무료이다. 물론 무선인터넷도 무료로 제공한다.

치페르블라트 커피전문점은 들어갈 때 시계를 들고 들어가서 자기가 머물고 싶은 만큼 있다가 시간만큼 비용을 내고 나가면 된다. 특히, 잠깐 동안 공간이 필요한 손님에게 인기가 많고, 편안하

✦ 커피에 관한 통계

- 우리나라 원두커피 시장은 2조 7,000억 원
- 2013년 판매된 커피 잔 수 240억 잔 (성인 1명당 484잔)
- 2013년 전국적으로 운영 중인 커피 전문점은 4만 8,121곳
- 2013년 커피 관련 종사자만 13만 4,686명
- 5세 이상 국민 하루 평균 1.9잔 소비
- 커피는 국내 음료시장의 53.1% 차지
- 한국은 세계 7위의 원두 수입국
- 최근 커피값 상승률은 소비자 물가상승률의 6배 상승

게 오래 머물고 싶은 사람들에게도 인기가 있다. 눈치 보지 않고 머물 수 있기 때문이다. 이 커피전문점은 커피를 파는 것이 아니라 아예 공간을 파는 것이다. 관점에 따라서는 상당히 공평한 거래가 된다.

결국 소비자의 입장에서는 분명한 선택을 해야만 손실을 최소화할 수 있다. 공간을 살 것인가 좋은 향이 나는 커피를 살 것인가? 만약 장시간 공간이 필요하다면 좀 더 많은 비용을 내더라도 대형 프랜차이즈 커피전문점에서 커피를 마시는 것이 유리할 것이고, 짧은 시간에 단순히 커피만 필요하다면 적당히 싼 커피점을 고르는 것도 답이다. 커피를 통해서 작은 사치를 누리거나 자신에게 선물을 주고 싶다면 프리미엄 커피전문점에 가서 한껏 기분을 내고 한 끼 식사에 버금가는 프리미엄 커피를 즐기면 될 것이다. 결국 무엇을 선택할 것인가는 소비자 본인에게 있다. 그러나 가격의 구조와 진실을 알아야만 현명한 소비가 가능할 것이다.

H씨의 선택은 간단하다. 그날 무엇을 원하는가에 따라 수많은 커

피전문점 중에 하나를 고르면 된다. 그러나 무엇을 구매하는지는 분명히 선택을 해야 한다. 대화를 위한 공간, 좋은 커피, 작은 사치, 어떤 것을 고르든지 그것은 본인의 선택이다. 단, 목적에 맞는 선택이 필요한 것이다.

8 참을 수 없는 홈쇼핑의 유혹

희귀성의 법칙과 쇼핑 중독

    TV 채널을 돌리다 보면 자연스럽게 홈쇼핑 채널을 보게 된다. 홈쇼핑에서 파는 제품도 정말 다양해졌다. 예전에는 간단한 주방용품, 화장품이나 의류 등이 주요 상품이었지만, 요즈음은 없는 것이 없다. 아파트, 자동차, 인테리어, 보험 등등 예전에는 상상도 못 했던 상품들이 TV 홈쇼핑을 통해 팔리고 있다. 케이블/인터넷 TV의 보급으로 홈쇼핑 채널은 폭발적인 성장을 했다.

    홈쇼핑을 별로 이용하지 않는 사람들은 실감하지 못하겠지만, 홈쇼핑 산업은 짧은 기간에 엄청나게 성장했다. 우리나라의 6개 TV 홈쇼핑사의 매출은 4조 5,000억 원을 기록했으며, 영업이익은 6,844억 원으로 전체적으로 불황 아래에서도 매년 두 자릿수(15% 대) 고속 성장을 하고 있다. 성장과 더불어 수익률도 좋은 편이다.

    쉽게 짐작할 수 있듯이 홈쇼핑의 주요 고객은 대다수가 여성이다. 한국 소비자 보호원의 조사에 따르면 홈쇼핑 구매층의 80%이상이 여성이고, 전체 여성의 31%가 매일 홈쇼핑을 본다고 한다. 이런 홈쇼핑의 폭발적인 성장의 이면에는 경제력을 가진 30~40대 여성 홈쇼핑 구매자들이 자리하고 있다.

주부 A씨는 요즈음 홈쇼핑을 보는 것이 유일한 낙이다. 어떤 때는 홈쇼핑이 드라마보다도 더 재미있다는 생각이 든다. 이제는 홈쇼핑의 쇼호스트가 아침 드라마 속의 탤런트보다 친숙하게 느껴진다. 신기하게도 홈쇼핑에서는 나에게 필요한 것만 꼭 집어서 파는 것 같다. 어제는 욕실용품을 세트로 판매해서 새롭게 구매를 했다. 택배가 도착하면 욕실이 화사하게 변신할 것을 생각하니 기분이 저절로 좋아진다. 거의 매일 오는 택배 아저씨는 이제는 전화해서 물어보지도 않고 물건을 경비실에 맡겨 두고 간다. 그녀에게 사소한 걱정이라면 이제는 다용도실이 가득 차서 배달된 제품을 마땅히 둘 곳이 없다는 것이다. 아직도 배송되지 않은 물건들이 많이 있는데 걱정이다.

남편은 홈쇼핑 중독이라고 잔소리를 해 대지만 방송이 끝나 버리면 좋은 기회를 다시 찾기는 힘들기 때문에 지금 구매를 해 두는 것이 훨씬 이득이라고 그녀는 생각한다. 더구나 홈쇼핑에서는 무이자 할부를 제공해 주기 때문에 부담 없이 구매할 수도 있고, 두고두고 사용하면 훨씬 경제적이다. 백화점 가서 명품을 사느라고 돈을 낭비하는 것도 아니고 언젠가는 꼭 필요한 물건을 기회가 올 때 사두는 것이 경제적인데 남편은 왜 그런 것을 모르는지 답답하다. 정말 남편은 경제관념이 없는 것 같다. 이런 경제 개념 없는 사람이 물건을 살 때 자기와 상의하라고 하니 참 어처구니가 없다. 홈쇼핑은 한두 시간 방영하면 다른 상품으로 넘어가는데 언제 자기와 상의해서 구매를 할 수 있단 말인가. 답답한 사람이다. 그리고 일단 구매를 해도 요즘 얼마나 반품하기가 쉬운데 뭘 그렇게 고민을 해야 되는지 도무지 이해가 안 된다. 어쨌든 홈쇼핑을 보고 있으면 마음이 편안해진다. 밝고 경쾌한 음악과 쇼호스트들의 개성 있는 목소리가 기분을 좋게 만든다. 홈쇼핑을 보고 있을 때 너무나 행복하다.

홈쇼핑 중독자들은 스스로 중독 증세를 보이고 있는지 잘 모른다. 오히려 심리학에서 말하는 항상 스스로 균형 잡힌 시각으로 올바른 결정을 내린다고 생각하는 '객관적 평가에 대한 환상'에 빠져 있는 경우가 더 많다. 그러나 박스도 뜯지 않은 물건들이 쌓여 있고, 비슷한 용도의 제품들이 여럿이 있다면 중독의 입문 단계에 들어선 것이다. 물론 본인은 절대 인정하지 않을 것이다. 이들 중독자들은 대부분은 좋은 물건을 싸게 산다고 굳게 믿고 있다.

이런 중독자를 양산하는 홈쇼핑은 현대 마케팅 기법의 총집합체라고 할 수 있다. 이 세상에서 효과가 있다는 모든 마케팅 기법은 총동원된 매체가 홈쇼핑이다. 당연히 물건을 직접 보지도 만져 보지도 못한 소비자들에게 구매를 유도해야 하니, 세심하고 다양한 마케팅 기법이 동원되어야 한다. 기본적이고 고전적인 마케팅 기법 이외에도 홈쇼핑에서 사용하는 독특한 기법들도 있다. 쌍방향 커뮤니케이션이 아닌 일방적인 설명을 통해서 물건을 사도록 유도해야 하는 독특한 홈쇼핑 환경 덕분이다.

대표적으로 홈쇼핑만의 독특한 말투를 사용한다. 간단명료한 설명이 아니라 무언가 고급스럽게 보이려고 많은 수식어를 포함한 설명을 한다. 그냥 흰색이 아니라 고급스럽고 깔끔한 순백의 흰색 등으로 설명을 한다. 아마 백화점에서 쇼핑할 때 판매하는 사원이 이렇게 이야기하면 이상하게 보일 것이다. 그러나 쇼호스트들은 배경음악에 리듬을 실어 이렇게 반복적으로 설명한다.

그리고 과장된 표현을 사용한다. 대부분의 제품이 마치 전 세계시장에서 선풍적인 인기를 얻고 있다는 투의 설명이다. 물론 근거는 희박하다. 그리고 외국어 이름을 사용해서 마치 엄청난 명품인 것처럼 설명을 한다. 별로 들어본 적이 없는 브랜드도 이렇게 반복적으로 노출을 하면 그럴듯하게 들린다.

물론 많은 소비자들은 무의식적으로 반복되는 주요 키워드에 집중한다. 가장 중요한 것들, 가격과 구매 혜택을 지속적으로 반복해서 소비자들이 자연스럽게 이를 받아들이도록 만든다. 가격은 두 번 세 번이고 반복을 한다. 예를 들면 오만 구천 원, 오만 구천 원 오늘만 딱 이 가격 오만 구천 원으로…. 이런 투의 말을 실제 얼굴을 마주하고 말한다면 미친 사람 취급받을 정도로 반복해서 말한다. 손님들은 일방적으로 쇼호스트가 전하고자 하는 말을 흡수하고 자연스럽게 기억하게 된다.

마지막으로 구매자를 긴장시킨다. 마감이나 매진이라는 단어가 등장하면서 TV 앞에 앉아 있는 사람을 전화기 앞으로 끌어들인다. 심리학적으로 이런 상황은 소비자들의 감정을 고조시켜서 행동을 재촉한다. 소비자들은 이제 결단을 한다. 저것은 반드시 사야 하는 물건이고 오늘 아니면 살 수 없는 최저 가격이라고 확신하고 전화기를 누르기 시작한다. 홈쇼핑에서는 지금 아니면 가질 수 없다고 감정적으로 위협하고, 한정된 기회라는 것을 부각시키는 희귀성의 법칙을 최대한 활용해서 전화를 걸게 만든다.

채널을 돌리다가 우연히 본 상품을 단 10~20분 만에 왜 구매를 하는가? 도대체 TV를 통해서 무엇을 구매하는 것인가?

홈쇼핑에서 사는 물건을 대략 생각해 보자. 일단 물건을 파는 단위가 대략 몇 개로 묶어져 있다. 소위 묶음 상품이 많은 편이다. 그리고 어떤 상품이든 어떤 채널이건 항상 덤으로 주는 상품이 있다. 결국 물품 구성이 풍성하게 되어 마치 많은 혜택을 받는 듯하다. 소비자는 솔직히 엄청나게 큰 세탁용 세제를 한꺼번에 6통에 덤으로 2통을 포함한 8통을 살 이유가 전혀 없다. 그리고 비록 무이자 할부를 해 주기는 하나 가격도 만만치 않다. 왜 홈쇼핑은 힘들게 묶음을 판매하려고 할까? 세제나 화장품은 그렇다 하더라도 의류도 몇 개씩 묶어서 판매한다. 백화점에서 바지를 한꺼번에 같은 가게에서 3~4벌 사는 사람이 있는가? 그렇지만 홈 쇼핑에서는 일반화되어 있다.

홈쇼핑은 매장을 가진 백화점이나 마트처럼 장사가 잘된다고 해서 매장의 면적을 늘릴 수 있는 것이 아니다. 홈쇼핑은 다른 유통 채널과 달리 시간이라는 한계를 가지고 있다. 아무리 장사가 잘되어도 한 채널 24시간이라는 제한된 자원을 가지고 있다. 그렇다면 시간, 즉 분당 매출액이 엄청나게 중요한 요소가 된다. 똑같은 방송을 하고 고객에게 전화 주문을 하게 만들었는데 바지 한 벌을 팔아서는 시간 단위당 충분한 매출이 되지 않는 것이다. 그래서 무이자 할부라는 단골 조건을 내걸고 묶음을 만드는 것이다. 덤은 그냥 주는 보너스가 아니라 묶음을 크게 만드는 과정의 하나이다. 덤을 포함해서 묶음으로 구매하면 더 싼 값에 구매할 수 있으니 경제적이다. 하지만 그 묶음을 하나하나 해체해서 가격을 비교해 볼 필요가 있다. 왜냐하면 단위 제품당 물건 가격을 비교해보지 않으면 가격의 실체를 알 수 없기 때문이다. 사실 홈쇼핑 제품의 단위당 가격은 생각하는 만큼 저렴하지 않다.

제품의 가격 구성은 제품의 제조원가 + 제조자의 이익 + 유통비용과 유통마진(이익)으로 간단히 볼 수 있다. 누구나 알겠지만 홈쇼핑 제품의 제조원가와 제조업체의 이익은 홈쇼핑 업체가 철저하게 검토하여 폭리의 여지가 별로 없다. 그러나 여기에 유통비용을 고려해 보아야 한다. 홈쇼핑 유통비용은 매장을 가진 백화점이나 일반 가게에 비해서 현저히 낮을 것이라 일반적으로 추측한다. 왜냐하면 매장도 없고 판매원도 없이 단순하기 때문이다. 그렇지만 홈쇼핑의 수수료는 일반적인 생각보다 높다. 공정거래위원회의 발표에 따르면 TV 홈쇼핑 6개사의 평균 수수료는 34%였다. 최고 수수료율이 50%에 가까운 상품도 있었다. 백화점의 평균 수수료가 28.87%인 것을 고려한다면 상당히 높은 수준이다. 더구나 백화점은 도심에 매장을 관리 운영해야 하는 비용을 고려한다면 엄청난 차이라고 볼 수 있다.

우리가 홈쇼핑에서 10만 원짜리 제품을 하나 구매했다면 홈쇼핑은 우리에게 그 방송을 보여 주고 배송해 준 대가로 평균 35,000원, 심하게는 50,000원을 수수료로 가져 간다. 이런 수수료를 포함한 홈쇼핑 물건이 과연 엄청나게 저렴할까? 결국 원래 세제 한 통이 필요한 당신은 35%의

현대 35.4%, 롯데 35.3%, GS 34.96%, CJO 34.8%, 홈앤쇼핑 32.5%, NS 30.2%: 2014년도 백화점, TV홈쇼핑사의 판매수수료율, 공정거래위원회.

수수료를 내고 세제 8통을 무이자로 사서 다용도실을 가득 채우고 있는 것이다.

홈쇼핑에서는 수수료가 대략 정해져 있으니 시간당 매출이 비즈니스의 성패를 좌우한다. 물건의 종류에 상관없이 짧은 시간에 많이 팔아야 한다. 에어컨을 팔건 화장품을 팔건 결국 가장 중요한 것은 시간당 매출이다. 그래서 화장품의 종류는 늘어나고, 덩치가 커진 가격은 무이자로 커버되는 것이다. 우리가 바지 네 벌을 한 번에 사야 되는 이유이다. 아마도 많은 화장품과 바지들이 아직도 어두운 창고나 옷장 속에서 언제 빛을 볼지 기다리고 있는 집들이 부지기수일 것이다. 이런 상품들을 통해 홈쇼핑 회사들은 1분당 1억 원 매출이라는 히트 상품을 만들어 내고 있다.

쇼핑중독자가 아니더라도 쉽게 주문을 하고 배달된 물건은 박스 개봉과 동시에 다용도실이나 창고로 들어가는 경우가 빈번하다. 어떤 물건을 사고 싶다면 다용도실이나 옷장 대청소부터 하자. 그리고 인터넷으로 한 번 더 검색을 해 보는 습관을 들이는 것도 좋다. 이런 방법도 통하지 않는다면 홈쇼핑 채널을 과감히 지우는 것도 방법이다.

결국 주부 A씨는 남편과 합의를 했다. 홈쇼핑 제품 구매 이전에 이 제품을 사야 하는 이유 다섯 가지를 남편에게 문자로 보내기로 했다. 물론 가격이 싸다는 이유는 제외하고.

9 공짜는 즐거워
숨겨진 의도를 파악하라

어떤 물건의 가격이 생각보다 너무 싸면 어떤 생각이 드는가? 횡재한 기분이 들어 얼른 집어 드는가? 아니면 왜 이런 가격일까 의심을 하고 다시 생각하게 되는가?

이 세상에는 참 이해할 수 없는 것이 많이 있다. 상상할 수 없는, 터무니없이 싼 가격의 제품이 시장에 버젓이 나와 있다. 우리는 그 가격을 의심스러워하지만 결국 유혹에 넘어간다. 그리고 이것은 결국 우리의 주머니를 털어 가는 애물단지로 변하는 경우가 다반사이다. 세상에는 공짜 점심이 없다는 영어 속담을 잘 알고 있지만, 공짜 앞에서는 항상 마음이 흔들린다. 어떤 것은 애교로 봐줄 만한 것도 있고, 어떤 것은 화가 머리끝까지 나게 만드는 것도 있다.

남자들이 가장 귀찮아하는 것 중의 하나가 면도이다. 우스갯소리로 수염을 베어다 팔아서 돈이 되면 절대 이렇게 매일 어김없이 자라지 않을 것이라고 한다. 그리고 머리카락이 듬성듬성한 사람들은 수염과 머리카락, 아래위가 뒤바뀌면 어떨까 하는 희망을 품어 본다. 어쨌든 남자들에겐 거의 매일 해야만 하는 일 중의 하나가 면도이다.

이 세상에는 두 가지 종류의 면도기가 있다. 전기면도기와 날면도기. 두 종류의 면도 방법은 장단점이 분명히 나누어진다. 전기면도기는 편리하지만 면도 후 느낌이 깔끔하지 않고, 날면도기는 면도 후 느낌은 좋지만 거품을 묻히고 씻고 하는 과정은 대단히 번거롭다. 전기면도기가 발전을 거듭하면서 날면도기는 시장에서 종말을 고하는 듯했지만, 아직 날면도기는 건재하다. 양자의 팽팽한 싸움은 당분간 지속될 듯하다. 이러한 상황으로 남자들은 면도기를 고를 때마다 고민을 하게 된다. 전기면도기는 한 번 구매하면 상당히 오래 사용하지만, 날면도기는 자주 구매를 해야 된다. 면도기를 사러 대형마트에 가면 여러 종류의 면도기가 다양한 이름으로 진열되어 있다. 면도기 가격은 참 이해하기 어렵다. 면도기에 사용하는 소위 면도날(칼)의 가격이 면도기 본체보다 훨씬 더 비싸다. 어떤 것은 면도기 본체와 면도날이 같이 들어 있는 묶음이 면도날만 들어 있는 패키지보다 더 싼 경우도 있다. 더 많은 구성품(면도기 본체+면도날)이 들어 있는 것이 면도날만 있는 것보다 더 싸다니 상식적으로는 이해가 되지 않는다. 사실 면도기 본체는 거의 공짜로 공급하는 셈이다. 왜 업체들은 면도기 본체도 엄연한 제품인데 공짜로 주는 것일까?

면도기 시장에서 압도적인 1위를 차지하고 있는 질레트(Gillette)*는 이미 100년 전에 면도기를 헐값에 팔거나 공짜로 주고, 면도날 판매에서 수익을 창출하는 공짜 마케팅(Free Marketing)을 처음으로 시도

질레트(Gillette)

세계적으로 널리 판매되는 안전면도기 상표이다. 현재는 P&G의 브랜드이다. 질레트 브랜드는 1901
년 킹 C. 질레트가 제조한 면도기에서 유래한다. 그 후 더 질레트 컴퍼니(The Gillette Company)가
설립되어 면도날과 면도기의 대명사로 널리 알려졌었다. 더 질레트 컴퍼니는 생활·가전용품의 브라
운, 건전지의 듀라셀, 구강제품의 오랄비 등을 인수하여 자회사로 두다가, 2005년 10월 1일 피앤지
(Procter & Gamble Co.)에 인수되어 현재 피앤지의 산하 브랜드로 되어 있다. 질레트 면도기는 세계
100여 개 국에서 판매되고, 세계 면도기 시장 점유율 1위를 기록하고 있다. 한국에도 더 질레트 컴
퍼니의 직접 투자로 질레트 코리아를 설립하여 1980년대에 진출하였고, 1990년대 이후 가장 널리
팔리는 면도기로 면도기 시장 점유율 1위를 유지하고 있다.

했다. 그 당시 질레트는 군대와 은행 등에 헐값으로 면도기를 팔았
다. 면도날을 교체하는 면도기를 쓰는 사람들이 일단 그 편리함에
익숙해지고 나면, 면도기에 들어가는 교체용 면도날에 대한 수요가
폭발하리라는 기대에서였다. 당시에는 면도칼을 집에서 면도 전에
갈아서 사용하던 방식이어서 일회용 면도칼을 보급하려고 이런 전
략을 펼친 것으로 생각된다. 이러한 전략은 오늘날까지 이어져서 면
도기 본체는 공짜로 주고, 이에 맞는 면도날을 지속적으로 구매하도
록 만드는 것이다. 공짜로 받은 면도기인데도 소비자들은 버리자니
낭비하는 것 같고 아까운 마음도 들어 여기서 벗어나지 못하고, 웬
만하면 같은 제품을 지속적으로 구매하는 것이다. 이는 공짜 면도
기에 맞는 면도날(소모품)을 사야 된다는 의미이다. 일종의 록인(Lock-
In) 전략이다.

　질레트의 가장 성공한 마케팅으로 거론되는 공짜 마케팅은 먼저
면도기를 팔고 이후에는 면도날을 판다는 이른바 면도기-면도날
(Razor-Blade) 사업 모델로 알려진 전략이다. 이런 질레트의 성공 신

화는 다른 산업에 널리 전파되었으며, 일단 사용하게 하고, 그 다음 이윤을 남기는 전략으로 시도 발전되었다. 낮은 가격으로 고객의 경계심을 풀게 하고 고객의 진입 장벽을 낮추어 일단 사용하게 하고 추후 소모품 판매를 통해서 원래 계획한 수익 목표를 달성한다. 마음의 갑옷에 일단 구멍을 내고, 고객이 방심할 때 구멍 안으로 트로이 목마를 조용히 보내는 것이다. 정수기를 팔고, 이후에는 필터를 팔기도 하고 건전지와 더불어 플래시를 끼워 팔아 이후 건전지 사용을 도모하고, 게임기를 싸게 팔고 게임 소프트웨어에서 마진을 남기기도 한다. 소비자들은 이런 사실을 인지하면서도 대부분 속아 넘어간다. 어쩌면 이제는 익숙해진 것 같기도 하다.

네슬레는 캡슐커피 판매를 위해서 많은 노력을 하다가, 마침내 커피머신을 저렴한 가격에 파는 전략을 썼다. 일반 커피머신이 1,000달러에서 5,000달러의 높은 가격이었지만, 네슬레는 자사 브랜드의 커피머신을 150~200달러 수준에 가격을 책정했다. 면도기를 싸게 팔고 면도날을 팔아 이익을 남기는 질레트의 전략과 같은 것이었다. 네스프레소 매출에서 캡슐커피가 차지하는 비중은 2~3년 사이에 전체의 30%로 급증, 네슬레의 최대 수익원 중 하나로 자리 잡았다. 커피머신을 버리지 않는 한 커피 캡슐은 팔리게 된다.

이런 마케팅을 흔히 공짜 마케팅(Free Marketing)이라고 불리기도 하지만 실제로 이것은 미끼 마케팅(Loss Leader)이거나, 조금 더 전문적으로 캡티브 마케팅(Captive Marketing)이라고 한다. 일단 싸게 팔아 고객의 진입 장벽을 낮추어서 선점하고 그 다음에 수익을 노리는 전형적인 마케팅 방법이다. 이런 마케팅의 절정은 프린터 마켓이다. 면도기 마케팅은 프린터에 비하면 '나를 좀 이용해 주세요' 하는 애교로 보일 정도이다. 프린터 잉크 가격은 많은 사람들의 공분(公憤)을 사기에 충분한 이유가 있다.

학생 A씨는 얼마 전 잉크젯 프린터를 구매했다. 잉크젯용 잉크 카트리지를 나중에 구매하려면 비싸다는 것을 알기 때문에 아주 급할 때—만 사용하려고 저렴한 모델로 구매를 했다. 어차피 프린터 값이나 잉크 카트리지 값이 비슷하다는 것은 누구나 다 아는 사실이기 때문에 가벼운 마음으로 사용했다. 며칠 후 학교에서 프린터 하는 것을 깜빡 잊고 와서 다음날 첫 시간 강의에 제출해야 하는 리포트 때문에 최근 구매한 잉크젯 프린터를 사용했다. 그런데 많지 않은 출력을 했는데 프린트에 계속해서 잉크 부족 경고등이 들어왔다. 프린터 기계의 오류인가 해서 여러 번 확인했지만 잉크 부족이 확실했다. 프린트 본체 가격이 잉크 교환 값이랑 비슷해서 기본으로 장착된 잉크 카트리지만 사용해도 이득이라고 생각했는데, 이렇게 빨리 잉크가 떨어지다니 좀 당황스러웠다. 그러면 비싼 잉크 카트리지를 또 구매해야 되고, 프린터를 구매한 만큼 새로운 지출을 해야 된다. 프린터보다 더 비싼 정품 잉크를 구입해야 하는 황당한 경우가 일어났다.

일단 리포트를 마무리하고 무엇이 문제인가를 인터넷에서 찾아보았다. 원숭이도 나무에서 떨어진다고 프린터 업체들의 속셈을 잘 안다고 생각하면서 구매를 했는데, 그들이 새로운 전략을 도입한 줄은 몰랐다. 소비자들이 본체를 구매해서 기본으로 들어 있는 잉크를 사용 후 새로운 잉크 카트리지 구매를 주저하거나 재생잉크 등을 사용하는 경우가 종종 있었다. 이에 대해 프린터 메이커들이 프린터 판매 시 정상 용량의 잉크 카트리지 대신에 아주 적은 양의 잉크만 들어 있는 잉크 카트리지를 장착해서 금방 새로운 잉크 카트리지를 구매해야 하는 상황을 만든 것이다. 또 소비자들이 그들이 말하는 정품이 아닌 리필잉크 사용이 늘어나자 카트리지에 정품 인식코드를 만들어 가격이 싼 리필 잉크 사용을 못하도록 만들어 버린 것이다. A씨는 우롱당한 기분이 들어 엄청 화가 났다.

합리적인 기업이라면 고객이 제품 구매 시 리필 부품 또는 소모품의 가격과 교체 시기에 대한 적절한 정보를 제공해 주어 고객이 합리적인 판단을 하도록 도와주는 것이 정당하다. 그러나 이런 기업들은 그들의 정보를 숨김으로써 고의적으로 고객의 합리적인 판단을 방해했다. 배보다 배꼽이 더 큰 경우를 만들어 이익을 챙기는 것은 정당한 방법이 아니다.

이 문제를 해결하는 방법은 고객들이 현명해져야 한다. 고객들이 이런 상품들을 구매에서 배제한다면 기업의 이런 얄팍한 마케팅 방법은 시장에서 퇴출될 것이다. 그러나 오늘도 인터넷 상품점이나 대형마트에 가면 3만 원, 5만 원짜리 프린터가 각가지 행사명을 내세워 팔리고 있다. 고객들은 엄청나게 싼 가격표 앞에서 망설이게 된다. 물건을 구매할 때 구매 기준을 저렴한 가격에 두고 있는 한 이런 유혹에서 벗어나기는 힘들 것이다. 어떤 것을 구매할 때 가격이 싸다는 이유 때문에 구매하는 것이 아니라 제품의 정당한 사용 가치를 고려해서 지갑을 열어야 한다. 그리고 단순 소모품이 아니라면 반드시 제품 사용 수명에 들어가는 전체비용을 고려해야 한다. 자동차를 살 때 연비, 세금, 보험료를 고려해서 결정하는 것과 마찬가지이다. 업체들의 숨겨진 의도를 잘 파악하지 않고, 단지 싼 가격에 유혹당한다면 평생 호구가 될 수 있다.

호구가 된 학생

입시학원

   강남의 대치동, 일명 학원가로 유명세가 있는 서울 한복판의 거리는 밤 11시가 넘어서도 사람들로 넘쳐 난다. 유흥가도 아닌 이곳에 한밤중에 사람과 차로 붐비는 것은 입시학원 때문이다. 밤늦게 귀가하는 학생들을 데려가기 위해 학원 버스와 학부모들의 자동차가 뒤엉켜 자정이 다 된 시간에 교통 혼잡을 만들어 낸다. 고등학생 아들을 둔 주부 L씨도 오늘 아들을 데리러 왔다. 학원 앞에는 이미 자녀들을 기다리는 차들로 잠시 정차할 틈도 없고, 주변을 빙빙 돌면서 학원이 끝나는 시간을 기다리고 있다. 오늘은 특히 늦게 마치는 날이라 아들을 데리러 왔다. 중학교 때 반에서 상위권에 있었던 아들은 고등학교에 진학하고 나서 공부를 부쩍 힘들어했다. 이웃들이 좋은 학원이라고 소개해 줘서 학원을 몇 군데 다녔지만, 성적은 항상 그 자리를 맴도는 상태다. 얼마 전 만난 L씨의 고등학교 동창생이 소개를 해 줘서 새로운 학원에 등록을 했다. 올해만 몇 번째 학원을 옮겨 다녔는지 기억할 수가 없다. 이런 날이면

괜히 강남으로 이사를 왔나 하는 생각이 절로 들다가도, 아들의 대학 입시를 생각하면 할 수 있는 데까지 최선을 다해야 한다고 마음을 고쳐먹는다. 낮에는 주변의 지인들을 만나서 입시 정보를 얻고, 일주일에 한두 번씩은 입시 설명회와 입시 컨설턴트 면담 등으로 일정이 빡빡할 정도이다. 남편은 회사일로 바빠서 매일 늦게 들어오니 그래도 시간적으로는 부담이 덜하다.

지난주 참석한 입시 설명회에서는 새로 바뀐 대학입학 제도에 대해서 설명을 들었는데, 제도가 점점 복잡해져서 어떻게 준비를 해야 할지 막막하다. 이런 답답함을 친구랑 이야기했더니 유명한 입시 컨설턴트를 만나 보라고 한다. 일단 상담은 무료라고 하면서 전화번호를 건네주었다. 어렵게 예약을 하고 만난 입시 컨설턴트는 전문가답게 수정된 제도를 학교별로 매끄럽게 설명을 해 주었다. 그리고 L씨 아들은 입시 준비가 너무 안 되어 있고, 상위권 대학에 가려면 많이 뒤쳐져 있으니, 서둘러 준비를 해야 한다고 했다. 일단 학원 수강이나 과외를 집중적으로 받아야 소위 말하는 서울 내 대학에 입학 가능성이 있다고 했다. 강남권 학교이긴 하지만 일반 고등학교이므로 준비를 철저히 해야 한다고 강조를 했다. L씨는 막연한 불안감을 가지고 고민에 빠져든다.

L씨는 며칠을 고민하다가 또 새로운 학원을 찾아 나섰다. 같은 학교 학부모들은 학원 정보를 잘 가르쳐 주지 않으니, 썩 내키지는 않지만 동창생 친구한테 아쉬운 소리를 해서 학원 정보를 받았다. 학원에 면담을 하니 컨설턴트와 비슷한 이야기를 한다. 아직 준비가 안 되어 있다고, 서둘러야 한다고 한다. 이미 앞서가는 학생들은 고

교 전 과정을 끝내고 복습 과정에 들어가 있다고 한다. 이 학원의 학생들은 주변 학교 각 반에서 상위 5% 안에 드는 학생들이 주류라고 한다. 고액의 학원비가 부담스럽기는 하지만 일단 가등록을 하고 입학 레벨 테스트를 받기로 했다. 둘째 아이 학원비까지 생각하면 경제적으로 부담스럽기는 하지만 모든 것은 시기가 있다는 생각에 과감하게 등록을 했다.

아들을 태우고 집으로 오는 길에 새로 시작한 학원이 어떠냐고 물었다. 아들은 아직 익숙하지 않고 수업 내용이 좀 어렵다고 했다. L씨는 처음이라서 그렇겠지 하고 마음을 안심시키고 서둘러 집으로 향했다. 이미 12시를 넘긴 지 한참은 되었다.

몇 달의 시간이 흘러 아들의 중간고사 결과를 받아 들고 L씨는 실망이 이만저만이 아니었다. 전체 성적은 비슷했지만 주요 과목은 오히려 떨어진 것이다. L씨는 다시 깊은 고민에 빠졌다. 성적도 오르지 않는 학원을 계속 보내야 하나? 아님 좀 더 지켜보아야 하나? 그야말로 진퇴양난에 빠진 형국이다.

다른 애들도 모두 학원을 다니는데 학원을 안 다닐 수도 없는 상황이고, 좀 더 좋은 학원을 다니면 좋은 결과가 나올 것도 같은데 도무지 판단이 되지 않는다. 다른 학원을 찾아보아야 되는 것이 아닌지 모르겠다. 속 시원히 대답해 줄 사람도 없고 주변 학부모들한테 물어보면 당연히 학원을 다녀야 한다고 할 것이다.

L씨는 전형적인 '죄수의 딜레마(prisoner's dilemma)'*에 빠진 상황이다. 다른 학생들이

> **죄수의 딜레마(Prisoner's dilemma)**
> 자신의 이익만을 고려한 선택이 결국에는 자신뿐만 아니라 상대방에게도 불리한 결과를 유발하는 상황.
> (심리학용어사전, 2014, 한국심리학회)

학원에 안 다니면 우리 아이만 다녀서 성적을 올리려고 할 것이고, 다른 학생들이 모두 학원에 다니고 우리 아이만 안 다니면 상대적으로 성적이 떨어질 테니 반드시 학원을 다녀야 된다. 어떻게 하든 학원을 다니게 되고 결국에는 좀 더 좋다는 학원을 찾게 될 것이다. 문제 해결을 위해서는 모든 학부모가 다른 학생들과 상관없이 우리 아이를 학원에 보내지 않으면 된다. 그런데 이렇게 간 큰 부모가 얼마나 될까? 자식 문제 앞에서는 부모의 지위, 재산, 학력 모든 것이 무시된다. 단순히 학부모라는 이름으로 단순화된다.

학원에서 돌아온 아들에게 새로운 학원을 알아보는 것이 어떻겠냐고 했다. 아들은 이제 학원을 그만 다니면 좋겠다고 하면서 학원에 가도 별로 배우는 것도 없고 몸만 피곤하다고 한다. 학원에서 가르치는 내용이 선행학습 위주라서 별로 도움이 되지 않는다고 한다. L씨가 아들의 학원을 포기할 수 있을까? 현실적으로 학원을 과감히 그만두고 '죄수의 딜레마'에서 탈출할 수 있는 부모는 극소수이다.

사실 L씨의 아들이 다닌 학원은 소위 말하는 SKY대학을 많이 보낸다고 엄청나게 광고를 하는 곳이다. 그래서 평판도 좋았고 L씨는 기대를 많이 했었다. 그러나 학원 경영자의 생각은 달랐다. 학원 수강생 중에서 상위 10~20% 학생들만 집중적으로 관리해서, 어느 정도의 인원만 SKY대학 이상 진학시키면 내년에도 수강생을 모으는 데 문제가 없다는 전략이다. 사실 중하위권 학생들은 별로 신경 쓰지 않아도 확실한 SKY 입학 실적만 가지고 있으면 학생들은 언제든지 모집할 수 있다. 그리고 중하위권 학생들 수준에 맞추어 수업을 하게 되면 오히려 학원 수준만 떨어지고 학생 모집에 문제가 생긴다. 중하위권 학생들이 납부하는 학원비가 학원 수입에 중요한 비중을 차지하지만 어쩔 수가 없다.

경제학에서도 '파레토의 법칙'을 이야기하지 않는가? 상위권 20%만 제대로 관리하면 학원을 운영하는데 문제가 없다. 학원은 교육기관이 아니라 비즈니스인데 필요한 고객들에게 집중 관리를 하는 것은 당연하다. 그래서 과목별 선생님들에게 철저한 목표의식과 관리 방향을 수시로 교육시킨다. 선생님들도 상위권 학생들을 가르치는 게 더 편하다고 한다. 수업 태도도 좋고 잘 따라오기 때문이다.

L씨는 무리한 비용을 내고 남들이 추천하고 평판이 좋은 학원을 선택했지만, 결론적으로는 원하는 것을 얻는 데 실패한 것이다. 남들이 좋다고 하는 비싼 선택은 아들의 시간만 낭비한 꼴이 되었다. 만일 L씨 아들이 학원에서 상위 10~20%에 들어 있었다면 좋은 효과를 볼 수도 있었을지 모른다.

최근 학원비가 엄청나게 인상되고 있다. 입시 제도가 복잡하게 변하면서 해야 되는 과정이 늘어난 것도 사실이다. 또 불경기라고 해도 학원비는 가격탄력성** 이 낮은 영역이다. 소득이

파레토의 법칙(Pareto's Law)

소득 분포에 관한 통계적 법칙으로서, 파레토가 유럽제국의 조사에서 얻은 경험적 법칙으로 요즘 유행하는 '80:20 법칙'과 같은 말이다. 즉, 상위 20% 사람들이 전체 부(富)의 80%를 가지고 있다거나, 상위 20% 고객이 매출의 80%를 창출한다든가 하는 의미로 쓰이지만, 80과 20은 숫자 자체를 반드시 의미하는 것은 아니다. 전체 성과의 대부분(80)이 몇 가지 소수의 요소(20)에 의존한다는 의미이다. (한경 경제용어사전, 한국경제신문/한경닷컴)

** **가격탄력성(Price Elasticity, 價格彈力性)**

가격에 대한 수요의 탄력성. 상품에 대한 수요량은 그 상품의 가격이 상승하면 감소하고, 하락하면 증가한다. 즉, 가격탄력성은 가격이 1% 변화하였을 때 수요량은 몇 % 변화하는가를 절대치로 나타낸 크기이다. 탄력성이 1보다 큰 상품의 수요는 탄력적(elastic)이라 하고, 1보다 작은 상품의 수요는 비탄력적(inelastic)이라고 한다. (두산백과사전)

줄거나 형편이 어렵다고 다른 소비는 줄여도 가장 나중까지 버티는 것은 교육비 지출이다. 일단 학원은 한번 보내기 시작하면 경제적 부담을 이유로 학원비 지출을 줄이는 경우는 많지 않다. 마땅한 대안, 경제학에서 말하는 대체제가 없기 때문이다. 사실 현재의 공교육 환경에서는 학원과 개인 과외 이외에는 대안이 없다.

그리고 강남에는 소득이 높은 사람들이 많아 학원비 인상 정도는 별로 영향을 받지 않는다. 소득에 따라 가격탄력성도 달라지는 것이다. 부유한 집단들은 외부로 학원 정보도 잘 알려지지 않는 초고가의 학원을 선호한다.

사교육에 대해서 이렇게 경제 관계가 복잡하게 구성된 이유는 그 어떤 재화나 서비스보다 복잡한 변수들이 있기 때문이다. 공교육, 사교육을 대표하는 학원, 그리고 대학 진학, 부모들의 체면까지 수많은 변수들이 복잡다기한 문제를 만들어 낸다.

문제를 좀 더 간단히 요약해 보면, 부모들의 대학 진학 열망, 특히 서울권 명문대에 진학시키려는 열망이 아주 높은 가치로 포지셔닝함으로써 그 가치를 얻기 위한 수단 중에 가장 효과적이라고 생각하는 학원 사교육이 엄청난 가격을 부르는 데도 받아들인다. 학부모들은 학원 사교육이 정말 적절한 방법인지, 대안은 없는 것인지 검토할 여력이 없다. 정보는 제한적이고 시간도 제한적이다. 그래서 학생들 중에는 높은 가격과 시간을 투자하고도 제대로 된 효과를 얻지 못하는 경우가 종종 발생하는 것이다. 아무리 많은 사교육 대책을 내놓아도 기대한 것처럼 작동하지 않는 이유는 소비자들, 여기서는 학생과 학부모들이 원하는 최종 목적을 조정하지 않는 한 해결할 수가 없다.

결국 지급하는 가격(비용)을 조정하고 싶다면 최종 목적을 다시 생각해 봐야 한다. 사회가 철저히 학벌 중심으로 되어 있는 상황에서 다른 모든 것을 논하는 것은 공염불이다. 최근 명문대학 졸업생도 취업난에 허덕이고 있지만 여전히 명문대 진학에 대한 열망은 사라지지 않고 있다. 가치가 높다고 생각하는 것에 높은 가격(비용)이 발생하는 것은 너무나 당연한 현상이다. 단지 다른 재화 구매와 차이가 있는 점은 비용을 낸다고 해서 반드시 원하는 것을 얻는 것은 아니라는 것이다.

학원을 보내야 하는가 아닌가의 고민과는 별도로 비용에 대한 정당한 보상을 받고 있는 곳인가는 확인을 해 보아야 한다. 남들이 좋다는 학원이 반드시 좋은 곳은 아니다. 학원에서 SKY를 수십 명 보냈다면 몇 명 중에 몇 명이 갔으며, 원래 어떤 학생들인지 알아야 한다. 학원 운영의 들러리가 되는 호구는 아닌지 곰곰이 생각해 볼일이다. 물건을 구매할 때 가성비(가격 대비 성능비)를 따지는 것처럼 학원도 마찬가지이다. 그런데 가성비는 내가 판단하는 것이지 다른 사람이 갖는 가성비가 아니다. 인생에서 가장 아름다운 청소년 시절을 학원의 호구로 전락시키지 않는 유일한 방법은 무엇을 얻을 것인가 그리고 과연 얻어질 것인가에 대한 합리적 판단이 필요하다.

11 우리는 분석당하고 있다
빅데이터

〈나는 네가 지난 여름에 한 일을 알고 있다〉라는 영화 제목이 있다. 누군가가 내가 무엇을 하는지 다 알고 있다면 좀 섬뜩할 것 같다. 지금 기업들은 우리가 무엇을 하고, 무엇을 사용하는지, 무엇을 먹고 있는지를 알고 있다. 아마 우리 집에 치약이 언제 떨어질지 우리보다도 더 잘 알고 있을 것이다. 자주 가는 대형마트의 POS 단말기는 다음 주 일요일쯤 치약을 사러 올 것이라든지, 무슨 브랜드를 얼마나 구매할 것인지까지 분석하고 있을 것이다. 거짓말 같지만 사실이다.

POS(Point of Sales)
금전등록기와 컴퓨터 단말기의 기능을 결합한 시스템으로 매상금액을 정산해 줄 뿐만 아니라 동시에 소매 경영에 필요한 각종 정보와 자료를 수집·처리해 주는 시스템으로 판매시점 관리 시스템이라고 한다. (매일경제, 매경닷컴)

우리가 하는 모든 소비는 철저히 기록되고 있다. 아무리 가계부를 철저히 기록하는 주부들도 절대 기록하지 못하는 내용까지 기업들은 모두 기록하고 있다. 적자생존이라는 말이 있는데 현재는 원래 뜻을 좀 변형해서 적는 자(기록하는 자)만이 살아남는다는 말로 은 유적으로 사용하기도 한다. 지금 기업들이 정보를 모으는 태도와 유사하다. 두 달 전 A브랜드 막빛나 치약 200g짜리 6개 묶음을 사은품과 같이 구매했다는 내용은 가계부에 기록되어 있지 않았지만, 유통업체의 대형 컴퓨터는 알고 있다. 그리고 이제 치약이 얼마 남지 않았으니 치약을 사러 올 것이라는 것도 알고 있고, 이제 새로운 뽀독이 치약을 프로모션하려면, 이와 같은 사람 천 명에게 문자나 이메일을 보내면 된다. 새로운 치약 뽀독이 한 묶음을 사시면 하나를 더 드린다는 주말 한정 프로모션 쿠폰을 보내면 된다. 주말 한정이라고 하는 이유는 주말에 주로 대형마트에 간다는 것을 잘 알고 있기 때문이다.

인터넷 서점에서 책을 자주 구매하는 직장인 A씨는 메일로 들어오는 책 소식을 유심히 보는 편이다. 의외로 관심 있는 분야에 관한 책 소개가 많고, 실제로 클릭해서 내용을 보고 구매하는 경우도 많다. A씨는 요즈음 사람들의 트렌드와 자기 관심사가 잘 맞아 들어가는가 보다 하는 생각을 했다. 그런데 사실 A씨는 전문 도서를 많이 사는 편인데 주변에 이런 책을 읽는 사람은 많지 않다. 어떻게 A씨는 이런 책 추천을 받게 되는 것일까? 모두 데이터 마이닝 때문이다. 인터넷 서점은 당신이 둘러본 책을 기억하고, 주문한 책을 기억하고 있다. 이런 데이터가 1년, 2년 쌓이면 본인보다 더 분명하게 손님의 독서 취향을 알게 된다. 그리고 이를 바탕으로 개인 맞춤형 책 소식을 전하는 것이다. 개개인마다 다른 책 소식지를 받지만 별로 눈치 채지 못한다.

전자상거래에서 독보적인 존재로 선 아마존의 경우에는 2억 명의 고객 데이터를 분석해서 고객의 구매 이력, 페이지 뷰 등을 분석해서 추천제품을 아마존 페이지를 열자마자 보여 준다. 현재 아마존은 100조 원의 매출을 올리고 있는데, 이러한 엄청난 매출액은 어떻게 가능한가? 단지 인터넷 하나로 100조 원이라는 천문학적 매출을 올릴 수 있는 것은 고객의 데이터를 최대한 분석, 활용하여 고객의 성향과 마음을 읽었기 때문이다. 최근 선보인 '아마존 어제 배송 서비스(Amazon Yesterday shipping Service)'는 이런 고객데이터 분석 서비스의 절정을 보여 주고 있다. 아무리 편리한 인터넷 쇼핑을 제공해도 땅덩어리가 큰 미국에서는 배송 기간이 많이 걸리게 마련이다. 아마존은 이런 약점을 보완하기 위해서 고객의 구매 내역, 장바구니, 검색 기록, 페이지에 머문 시간 등을 분석하여 고객이 구매할 것으로 예상되는 상품을 미리 고객의 집 근처 배송센터로 보내 놓은 것이다. 그리고 고객이 주문하는 즉시 고객의 집으로 배송한다. 고객은 지루하게 기다리지 않아도 배송을 받을 수 있다. 이런 모든 것은 우리의 데이터를 분석함으로써 이루어진다. 당신이 무엇을 구매할지 알고 있다는 자신감의 표현으로 보인다.

이들 업체가 보내는 홍보 메일은 정말 잘 구성되어 있다. 이제부터 잘 한번 관찰해 보시기를 바란다. 특히 자주 물건을 구매하는 대형마트나 인터넷 쇼핑몰의 광고성 메일에 들어 있는 물품들은 당신이 사용하고 있거나, 연관성이 있는 상품일 가능성이 높다. 실

아마존(Amazon.com)
1994년 설립된 온라인 유통업체로 미국 시애틀에 본사를 두고 있다. 2015년 매출액 1,000억 달러를 돌파하고 있다. 아마존은 세계 최대 유통업체인 월마트의 시가총액을 넘어서 2,680억 달러로 예상되면서 세계 소매유통업체 1위(시가총액 기준)로 뛰어 올랐다. 아마존닷컴의 성장과 함께 창업자 제프 베조스는 2015년 68조 원의 재산을 가진 것으로 알려졌다.

제 소비자 입장에서는 심각하게 분석하지 않고 그냥 오는 메일을 가볍게 훑어보고 클릭하거나 삭제한다. 그러나 정보 분석을 통해 제공된 광고를 클릭할 확률은 생각보다 높다.

혹 이런 정보를 어떻게 다 수집했을까 하면서 불쾌해할 수도 있다. 어디서 그런 모든 정보를 모으고 분석했을까? 대형마트를 생각해 보자. 대형마트 계산대에 서면 '포인트를 적립하시겠습니까?' 하는 질문에 당연히 포인트 또는 회원 카드를 제시한다. 우리의 거의 모든 정보가 들어 있는 포인트 카드의 정보와 오늘 산 물건의 긴긴 리스트는 서로 결합하게 된다. 우리는 벽지만큼이나 긴 카드 영수증을 꾸깃꾸깃 주머니나 장바구니에 쑤셔 넣지만, 대형마트는 이런 정보를 그들의 보물창고인 중앙 데이터 저장 장치로 이송한다. 이렇게 이송된 데이터는 분석, 분류하고, 종합해서 핵심 정보를 추출한다. 그리고 이 정보는 필요한 곳으로 전달된다. 기억하는지 모르겠지만 포인트 카드에 가입할 때 우리는 이런 정보를 나누어 쓰는 데 반대하지 않는다고 서명을 했다. 분명히 했다. 만약 하지 않았다면 포인트 카드를 받을 수 없었을 테니까. 이런 정보는 그들이 필요한 곳으로 전달된다. 대형마트들은 특히 경품행사 참가 등으로 받은 우리의 정보를 팔아서 수십억 원의 수익을 챙긴다.* 그래서 우리는 듣지도 보지도 못한 보험회사에서 상담 전화를 받기도 하고, 아파트 분양대행사로부터 전화를 받기도 한다. 기업들은 매의 눈으로 우리의 정보를 수집, 분

이마트는 2012년 9월부터 1년 3개월간 전국 매장에서 네 차례 경품 행사를 벌여 수집한 개인정보 311만 2,000건을 보험사에 넘겨 66억 6,800만 원을 받았다. 롯데마트는 2009년 6월부터 지난해 2월까지 전국 매장과 온라인몰에서 수집한 개인정보 250만 건을 보험사에 넘겨 23억 3,000만 원을 챙긴 의혹을 받고 있다.

월마트는 전 세계에 매장을 갖고 있는 글로벌 1위 유통업체다. 현재 27개국에서 1만 1,000개의 매장을 운영 중인 월마트는 직원수 220만 명, 주간 방문 고객은 2억 4,500만 명에 달한다.

석하고 다음에 어떤 물건을 홍보할까 연구하기 시작한다. 세계 최대 유통업체인 월마트는 미국 연방정부보다 몇 배나 큰 '테라데이터 웨어하우스'를 운영하여 고객 정보를 분석하고 있다. 그리고 고객 정보를 관리하는 별도의 회사도 두고 있고, 데이터 과학자들이 주축이 된 월마트랩(Walmartlabs)을 운영하면서 모든 정보를 분석하고 있다.

아직도 내가 받는 홍보/광고 메일이 내 친구나 배우자가 받는 메일과 같다는 순진한 생각을 하는가? 당장 스마트폰을 꺼내 놓고 비교해 보면 알 수 있다. 같은 마트나 인터넷 쇼핑몰에서 온 광고메일의 내용이 어떻게 다른가 비교해 보면 된다. 이제 정말 정보의 홍수, 데이터세상이 된 것이다.

첨단 데이터 세상은 소비생활뿐만 아니라 우리 생활 곳곳에 영향을 미치고 있다. 지난 삼일절 오후에 내가 어디를 갔는지 아는 방법이 있을까? 누군가가 데이터를 볼 수 있는 권력이 있거나 불법으로 본다면 당연히 가능하다. 핸드폰 내비게이션 애플리케이션에 삼일절 오후에 입력한 목적지와 경로를 알면 된다. 통신사 서버에 남아 있는 데이터를 분석만 할 수 있다면, 당신이 잘 가는 식당과 메뉴까지도 알아낼 수 있다. 컴퓨터 장비의 발달과 첨단 프로그램을 활용하여 모든 것을 알 수 있는 세상이 된 것이다.

이제는 기술이 상상을 초월하는 범위로 발전하고 있다. 모바일 쿠폰을 발행하여 좀 더 진보된 정보를 추출하고 있다. 우리가 핸드폰으로 날아온 모바일 쿠폰을 쓴다면 상상을 초월하는 정보를 제공하게 된다. GPS 추적을 통해서 구매하러 가는 거리, 광고에 대한 반응성, 심지어 쿠폰을 받고 사용하는 비율은 얼마인지, 바로 사용하는지 아니면 생각날 때만 사용하는지, 쿠폰의 효율성은 얼마인지를 분석하게 된다. 우리도 모르는 사실을 그들은 알게 된다. 우리가 어떻게 몇 장의 온라인 쿠폰을 받아서 몇 장을 사용했는지 어떻게 기억할 수가 있는가? 그러나 컴퓨터는 기억한다. 핸드폰에 저장된 앱이나 카드는 우리의 위치를 파악하고, 쇼핑몰에 왔다는 것을 인식하고는 문턱을 넘자마자 또는 주차장에 도착하자마자 홍보성 쿠폰을 삑하고 보낼 수도 있다. 어제 인터넷에서 보았던 제품을 구매 유도하기 위해서 몇십 퍼센트 할인해 준다는 쿠폰일 수도 있다.

그래서 무엇이 잘못되었다는 것인가? 내가 동의한 정보를 가지고 할인을 해 주고 상품을 소개해 주고 좋지 않은가? 잊어버린 결혼기념일이나 배우자의 생일도 알려 주는 정도는 충분이 받아들일 만한 것 아닌가? 그렇다. 데이터의 발달로 페이스북을 분석해서 여자 친구가 어떤 선물을 원하는지도 추천받을 수 있다. 친구들에게 물어보는 수고를 하지 않아도 된다. 이렇게 긍정적인 측면만 보면 전혀 문제가 없다. 약간 성가신 광고성 메일과 전화를 참아 낸다면 그렇게 나쁠 것이 없다.

문제는 그런 빅데이터가 우리를 조종할 수 있다는 것이다. 실제 미국 MIT 컴퓨터 공학과 학생들이 페이스북 인맥 정보를 분석하여 누가 동성애자인지를 찾아 화제가 된 적이 있다. 누가 더 많은 정보를 가지고 있는가? 컴퓨터가 엄청나게 많은 데이터를 차곡차곡 쌓고

LGRI 리포트, 빅데이터의 현실, 2015년 3월 11일, p. 6.

있다. 그리고 그렇게 쌓인 데이터로 그들은 그들이 원하는 방향으로 우리의 소비를 유도한다. 자유롭게 새로운 구매 시도를 해 볼 가능성은 엄청나게 제한이 되고, 우리는 부지불식간에 누군가가 원하는 방향으로 움직이게 된다. 말뚝에 메인 코끼리처럼 자신의 능력과는 상관없이 무기력하고 수동적인 잘 훈련된 소비자로 살아가게 된다. 결국 데이터를 가진 업체들이 모든 것을 조정하게 되는 것이다. 경제학의 기본 가정인 정보의 균형이 깨지면서 정보의 비대칭*이 발생하면서 자유 시장에서 수요와 공급에 따른 최적의 선택을 하는데 문제가 발생한다. 그리고 데이터를 소유하지 않은 소규모 자영업자는 영원히 이길 수 없는 게임을 하게 되고, 소비자도 제한된 정보로 역선택**을 할 확률이 높아지고 주어진 선택의 폭에 갇히게 된다.

정보 비대칭(Information asymmetry)

경제학에서 시장에서의 각 거래 주체가 보유한 정보에 차이가 있을 때, 그 불균등한 정보 구조를 말한다. 정보의 비대칭성은, 사람들이 보유하는 정보의 분포에 편향이 있어, 경제 주체 사이에 정보 격차가 생기는 현상 또는 그러한 성질을 말한다. (위키백과)

역선택(Adverse selection)

정보의 격차가 존재하는 시장에서 도리어 품질이 낮은 상품이 선택되는 가격 왜곡 현상으로 불완전한 정보에 기초하여 행동하기 때문에 발생하는 비정상적인 선택(불리한 선택). 정보력을 많이 가진 집단이 정보력을 갖지 못한 집단에 대해 정보의 왜곡이나 오류를 통해 이익을 취하는 선택의 여지를 많이 갖도록 하는 행위를 말한다. 거래의 양 당사자 중 한쪽에만 정보가 주어진 경우, 정보가 없는 쪽의 입장에서는 바람직하지 못한 상대방과 거래할 가능성이 높다는 것으로 '자기선택' 또는 '반대선택'이라고도 한다. 어느 한쪽만이 정보를 가지고 있기 때문에 발생하는 문제이며, 결과적으로 정상 이상의 이득을 챙기거나 타인에게 정상 이상의 손해 또는 비용을 전가하는 행위 일반을 가리킨다. (시사상식사전, 박문각)

단순히 소비시장을 넘어서 실제 신용카드와 핸드폰 기록만 추적하면 내가 기억하는 것보다 더 많은 것을 추적할 수 있다. 어디를 갔는지? 어떻게 갔는지? 무엇을 먹었는지? 무엇을 샀는지? 심지어 누구를 만났는지도 알 수 있을 것이다. 그리고 그런 정보를 기반으로 새로운 제안을 받고 흔쾌히 소비하게 된다. 이렇게 되면 자유롭고 독립적인 개인이 아니라 기업의 의도에 따라 조정되는 인간이 된다. 한편으로는 소비할 수 없는 개인은 아무런 존재감이 없는 투명인간인 세상이 될 수도 있다.

이런 빅데이터 관리 및 활용은 점점 더 가속화될 것이다. 전 세계 빅데이터 시장 규모는 2015년 169~321억 달러 규모로 예상되고, 국내 빅데이터 시장 규모는 2015년 약 2억 6,300만 달러, 2020년 약 9억 달러(한화 1조 원)에 이를 것으로 예상되고 있다. 새로운 시장 창출 기회를 보고 진입한 IT기업들은 엄청난 수요를 만들어 낼 것이고, 이로 인해 우리의 데이터는 엄청난 속도로 분석될 것으로 전망된다.* 기업들은 이런 데이터를 '21세기의 원유' 라고 부른다. 수익의 원천이라는 이야기이다.

* 빅데이터 산업의 현황과 전망, KISTI MARKET REPORT, 미래기술분석실 선임연구원 한혁, 2013년 3월.

이런 상황에서 모든 정보를 차단하고 살 수는 없다. 그러나 분명한 것은 나의 모든 정보를 맡겨 둘 때 이들은 나를 위해서가 아니라, 기업의 이익을 위해서 데이터를 사용한다는 것을 알아야 한다. 이익이 충돌했을 때 누구의 이익을 따를 것인가? 분명하게 생각을 해야 한다.

12

당신에게 불행이 온다
보험과 공포마케팅

묻지도 따지지도 않고 가입한 보험이 있는가? 지금 가입하고 있는 보험이 몇 개인가? 가정을 꾸리고 있다면 적어도 두세 개 이상의 보험은 가입하고 있을 것이다. 그렇다면 왜 그 보험에 가입했는지 기억이 나는가? 보통 가입한 보험이 어떤 보장 내용을 가지고 있는지 기억하는 사람은 드물다. 그러면 왜 이런 보험에 가입을 했는가?

한국은 비교적 국민의료보험 체계가 잘 되어 있는데도 상대적으로 많은 국민들이 민영보험에 가입하고 있다. 통계를 보면 우리나라 가구당 평균 3.6건의 보험을 가입하고 있다. 마트에 가서 콩나물이나 두부를 살 때는 꼼꼼히 따져 보면서, 수십 년을 납입해야 하는 보험에 대해서는 유독 관대하다. 구체적인 비교 없이 보험판매인의 권유에 따라서 무작정 구매하고 있다. 그 유명한 방송광고처럼 보험사가 가입 시 '묻지도 따지지도 않는다'는 것이 아니라, 우리가 묻지도 따지지도 않고 보

2015년 자료를 보면 우리나라 전체 가구의 80.4%가 민간보험에 가입하고 있으며, 평균 5.78개의 보험상품에 가입했고, 매월 평균 보험료는 34만 3,488원을 납입하는 것으로 드러났다.

험 상품에 가입하는 것 같다.

일반적으로 가입하려고 하는 보험을 왜 가입하는가에 대한 목적이 불분명하다. 그리고 한국 보험회사들의 인맥을 통한 오래된 보험 판매 방식도 이런 비합리적인 보험 가입을 부추기고 있다. 보험을 권유하는 사람도 내용을 잘 모르고, 가입하는 사람도 정확한 계약 내용을 잘 모르는 상황이다. 다른 보험 상품에 부가 상품으로 팔려서 본인은 정작 사망보험에 가입된 지도 모르는 경우가 많다. 한편에서는 부양가족이 없는 사람이 사망 정기보험을 가입하기도 하는 웃지 못할 일이 벌어진다. 본인이 죽고 사망보험금이 나오면 보험금을 받을 사람이 없다. 도대체 누구를 위해서 보험을 드는 것인가? 본인이 사망한 뒤에 부모님이 보험금을 타도록 가입하는 어이없는 일도 벌어진다.

언제부터인지 너도나도 실손의료보험을 하나씩 가입하고 있다. 실제로 2013년 통계에서 실손의료보험 가입은 3,403만 명에 이른다. 그런데 이 중에서는 중복 가입을 해서 양쪽 보험사에 보험료를 납부하고도 보상은 한쪽만 받게 되는 경우도 있다. 중복 가입자가 200만 명에 이른다고 한다. 그런데 얼마나 많은 가입자가 이런 사실을 알고 있을까? 이런 일이 벌어져도 이상하지 않을 만큼 보험시장은 이상하게 형성되어 있다. 고객이 관심을 가져야 하는 주의사항은 읽기 힘든 정도의 깨알 같은 글자 크기로 문서의 가장 아래쪽이나 뒤쪽에 두고 있으니 내용을 이해하기 어렵고 읽어 보는 사람도 극히 드물다. 실제 보상 내용을 잘 몰라 보상을 못 받고 있는 소위 장롱보험도 부지기수라고 한다.

보험 상품 약관에는 '중대한 5대 질병, 암, 심근경색증, 뇌졸중 등등은 보상을 한다'라고 되어 있는데, 소비자들은 질병명만 기억을 하지 '중대한'은 기억을 하지 않는다. 결국에는 중대하지 않으면 암에 걸리더라도 보장을 받지 못할 수도 있지만, 암에 걸려서 보험금을 청구하기 전까지는 그 내용을 알 수가 없다. 그리고 흔히 말하는 사고로 인한 장애의 보상 조건도 비슷한 문제점을 가지고 있다. '상해장애 80%'라고 하면 어떤 의미인가? 보통은 장애가 발생하면 보상을 받는 것으로 가입자들은 인식한다. 그러나 80% 상해장애는 거의 사망인 수준이다. 그리고 어떤 약관은 80% 이상 장애가 6개월 이상 지속되면 보상한다고 명시되어 있는데, 80% 장애 상태로 6개월이 지속되면 거의 생존 기능을 못 하는 사망 수준이다.

이렇게 복잡한 보험상품을 보험사들은 광고를 통해 묻지도 따지지도 않고 상품을 가입하게 분위기를 만들고 있다. 보험사들의 광고를 유심히 들어 보면 세상의 모든 위험이 바로 당신에게 닥칠지 모른다는 공포감을 심어 준다. 광고의 내용은 중병에 걸려 가족들이 힘들어하는 사람들이나, 가족을 잃고 남겨진 사람들에게 어떻게 살아갈 것인지 조용히 묻는다. 그게 당신일 수도 있다고 속삭인다. 보험 광고에서는 미래에 일어날 수 있는 모든 불행한 일을 상정해서, 공포를 극대화한다. 그리고 유독 보험에서는 가족이라는 말을 강조한다. 보험을 안 들면 가족의 안위 따위는 염려도 하지 않는 파렴치범으로 보인다. 공포마케팅의 극치를 보여 준다.

홈쇼핑 보험 판매가 생겨나면서 이런 불안감을 부추겨서 가입을 권유하는 사례가 더욱더 많아졌다. 짧은 광고가 아니라 긴 시간을

공포(恐怖)마케팅

공포소구(fear appeal)라고도 하는데, 소비자의 공포감을 활용하는 마케팅을 말한다. 여기에서 소비자에게 심어주는 공포감은 흔히 생각하는 건강 등을 위협하는 요소에 대한 공포감뿐만이 아니라 다른 사람에 비해 뒤처질 수 있다는 불안 및 초조함 또한 포함한다. 나아가서는 다른 사람에게 좋지 않은 인상을 주지 않을까 하는 걱정을 이용하는 것 또한 공포 마케팅에 속한다. 보험에서는 불확실한 미래에 발생할 사고 등을 언급하며 보험 가입을 유도하는데, 갑작스러운 사고, 질병으로 인한 막대한 치료비 또는 사망으로 인해 남겨진 가족을 언급하는 방법이다.

할애해서 불안감을 극대화하고 자녀에게는 부모를 위해서, 부모에게는 자녀를 생각해야만 가족을 배려하는 양심적인 사람인 것처럼 설명한다. 상담 전화를 걸면서 마치 가족을 위해서 옳은 일을 한다는 안도감을 느끼게 된다.

홈쇼핑을 자주 보는 40대 초반의 A씨는 한 달에 2만 원대로 질병을 보장받을 수 있다는 보험 판매 방송을 보고 홈쇼핑에 전화를 걸었다. 상담만 받아도 되고 30일 이내에는 언제든지 계약을 철회할 수 있다는 말에 크게 부담 없어 보였다. 그리고 전화 상담을 받는데 그 정도 금액은 부담스럽지도 않고 보장 내용도 괜찮은 것 같아서 보험 청약을 했다. 매달 자동이체를 하고 잊어버리고 있었다. 5년이 지난 어느 날 보험을 갱신해야 한다는 연락을 받았다. 보험을 가입할 때 갱신 조항이 있었는지 기억이 가물가물했지만 상담원은 A씨가 가입한 보험상품이 갱신형이라고 했다. 그런데 문제는 갱신을 하면 보험료가 너무 많이 올라가게 된다는 점이다. 보험사에 항의를 했지만 보험사의 대답은 여러 가지 이유를 설명하면서, A씨가 보험 가입 시 갱신할 때 보험료가 오를 것이라는 것을 충분히 설명했다고 한다. 보험사 상담원은 갱신을 하지 않으면 보험은 해약된다고 설명을 한다. 실제로 보험을 가입한 지난 5년 동안 특별히 병원에 다닌 적도 없어서 의료비를 사용한 적도 없다. A씨가 보험에 가입할 때는 젊을 때가 아니라 노후에 병원비 걱정 때문이었는데 지금 해약을 하기도 그렇고 비싼 보험료를 계속 납부하기도 부담스럽고 진퇴양난에 빠졌다. 보험사에 재차 문의를 해 보니 5년마다 갱신을 해야 하고 보험료도 계속 오를 것이라고 한다. 재갱신 시 보험료 인상률에 대해서는 정확히 답변해 줄 수 없다고 한다. 그러면 지금 갱신하더라도 5년 후에 보험금이 또 얼마나 오를지 모른다. 과연 60세, 70세가 되었을 때는 보험료가 얼마나 된다는 것인가? 마치 빠져 나오기 어려운 늪에 빠진 기분이다. 가입할 때와 달리 보험사는 해약을 해도 상관없다는 투의 설명이다. 보험사는 그렇게 어렵게 가입시킨 계약자에게 해약을 너무 쉽게 권유하는 것이 이해가 되지 않았다.

보험사는 가입자가 보장성 보험을 5년 동안 가입하고 해약을 해도 손해볼일이 전혀 없다. 가입자 A씨처럼 5년 동안 꼬박꼬박 보험료를 낸 가입자가 해약을 하면 보험사는 엄청난 이득을 본다. 특히 A씨는 아프지도 않아서 보상을 받은 적도 없다. A씨는 잘 알아보지도 않고 갱신형 보험을 가입한 것을 땅을 치면서 후회했지만, 이미 5년 동안 납입한 보험료만 허비했다. 실제 A씨는 보험 가입할 때 갱신형, 비갱신형 같은 단어에 주의를 기울이지 않았고 잘 이해하지도 못했다.

보험사가 가장 좋아하는 고객은 누구인가? 보장이 많이 되는 비싼 보험을 들고 계약기간 만기 전에 해약하는 고객일 것이다. 보험사는 보상을 해 줄 필요도 없고 적은 해약금은 돌려주면 된다. 그러면 그 차액은 고스란히 수익이 된다. 정확한 통계는 없지만 이런 해약 관련 이익이 엄청나다는 것은 업계의 공공연한 비밀이다.

A씨는 보험을 해약하기 전에 자세히 보험 내용을 이해해야 한다는 생각에 보험 계약 내용과 약관을 꼼꼼히 읽기 시작했다. 대학에서 경영학을 전공해서 이런 용어에 익숙하다고 생각을 했지만 실제 읽어 보니 무슨 내용인지 이해하기가 힘들었다. 전체적인 내용은 이럴 경우는 보상해 주지 않는다는 면피용 설명이 거의 모든 내용이었다. 그리고 명칭은 실손 보상인데 갖가지 한도가 설정되어 얼마를 정확하게 보상받을 수 있는지 알 수가 없었다. 예를 들면 통원 시 한도, 입원 시 입원 일수 한도, 보상금액 한도에 본인 부담금 등으로 복잡한 고차 방정식을 보는 듯했다. 읽을수록 한숨이 나왔다. 언제 어떤 경우에 얼마를 보상해 준다는 내용보다 언제 어떤 경우는 보상을 해 주지 않는다는 내용이 더 많이 있었다. 왜 이렇게 어려운 보험을 들어야 하는지 의문이 들었다. 이건 정보를 주는 내용이 아니라 책임회피용 책자 같았다.

결국 A씨는 이해하기를 포기하고 대학 때 가장 친한 친구이자 보험회사에 근무하는 친구에게 전화를 걸었다. 대략의 내용을 들은 친구는 당연하고 대수롭지 않게 대답을 했다. 실제 그 친구도 상품의 상세 약관은 잘 읽어 보지 않는다고 한다. 판매하는 상품의 숫자도 많기도 하고 내용도 복잡하다는 것이다. 어느 광고에 나왔던 '아무도 몰라, 며느리도 몰라' 보험편이 되고 있다.

A씨는 결국 보험을 해약했다. 보험사가 나에게 닥쳐올 위험을 분산시켜 주는 역할을 하는 것이 아니라, 결국 그들만의 방법으로 이

익을 추구한다는 것을 절실히 깨닫게 되었다. 어찌 생각해 보면 민간 기업이 그들의 이익을 추구하는 것이 당연한데 왜 민간 기업이 마치 나를 위해 서비스를 제공하는 것처럼 생각했는지 안타까울 뿐이었다.

보험회사는 깨알같이 쓰인 계약서와 약관을 제공해 주고 모든 책임을 가입자에게 전가한다. 그러나 보험 소비자의 대부분은 그런 정보를 이해할 수 있는 지식이나 경험이 없는 상황이다. 소비자들은 보험 계약의 자세한 내용을 이해하기 전에 보험사는 그들의 이익을 위해서 상품을 만들고 운영한다는 것을 분명하게 이해하는 것이 중요하다. 보험사가 잘 알아서 나의 미래를 설계해 줄 것이라는 환상을 깨고 꼼꼼히 확인을 해야 한다. 보험 상품은 소비자들이 통상 구매하는 상품 중에서 가장 장기 계약을 하는 것이다. 한 번 사서 사용하고 버리는 물건이 아니다.

오늘 당장 가입한 보험의 약관을 꺼내서 읽어 보고 이해가 되지 않는다면 보험사에 전화를 해야 한다. 그리고 자세한 설명을 요구하는 것이 현명한 방법이다. 그렇지 않으면 위험에 대비해서 가입한 보험이 위험이 닥쳤을 때 나의 예상과 전혀 다르게 작동할 수도 있다. 불이 날 때 대비해서 소화기를 구매했는데 정작 불이 나서 소화기를 사용하려고 하니 작동이 되지 않는 황당한 일이 일어날 수 있다. 아마 코앞에 닥친 불행에 더하여 화병이 추가될지도 모를 일이다.

13

불행한 노후를 준비하는 사람들

연금보험

보통 가정의 경우 보장성 보험 이외에도 종신보험*을 하나씩은 가입하고 있을 것이다. 1990년대에 외국계 보험회사들이 도입한 종신보험은 보험 가입자가 사망하게 되면 계약된 보험금을 100% 지급하는 상품이다. 종신보험 판매원들은 당신이 사망하게 된다면 남은 가족들이 최소한의 생계를 유지할 수 있도록 해 주어야 한다는 취지로 가입을 권유한다. 가장들이 가장 걱정하는 핵심을 파고든 상품이다. 그런데 취지와는 달리 최근 종신보험 관련하여 분쟁이 많이 일어나고 있다. 그리고 종신보험과 더불어 수명이 길어지면서 노후 대비를 강조한 연금 형태의 보험 상품들도 쏟아져 나오고 있다. 소비자들은 익숙하지 않

종신보험

일정 기간으로 보장 기간이 한정된 정기보험과는 달리 종신보험은 가입자가 사망할 때까지 평생을 보장해 주는 상품으로 질병이든 사망이든 사망 원인에 관계없이 일정한 보험금을 받는 것이다. 종신보험에는 주계약과 특약이 있다. 주계약이란 보험가입자가 사망할 경우 정해진 보험금을 무조건 지급하는 기본 계약을 말한다. 특약은 상해, 질병 등에 대한 보장을 말한다. [네이버 지식백과] 종신보험 (시사상식사전, 박문각)

은 정보의 홍수 속에서 살아남으려고 발버둥 치고 있다.

이런 상황에서 일명 저축성 보험과 관련해 가장 많은 논란이 발생하고 있다. 신문 기사에 나온 내용을 보면 27세의 미혼 여성이 250만 원의 급여 중 100만 원을 저축성 보험에 가입했다. 물론 가입 시 보험설계사는 이것이 일반 저축보다 훨씬 높은 금리를 준다고 설명을 해 주었고, 이 여성은 결혼자금을 만들 목적으로 저축성 보험을 들었다. 그런데 실제 5년을 납입하고 난 후 목돈이 필요해서 적립한 돈을 찾으려고 했더니 원금에 턱없이 못 미치는 환급금이 계산되었다고 한다. 그래서 보험사를 상대로 소송이 제기되었다.

변액보험
보험료(위험보험료 및 사업비 차감)를 펀드에 투자하여 발생한 이익에 따라 보험금이 달라지는 실적배당형 보험상품

이 여성처럼 변액연금보험 이나 저축성 보험 같은 상품을 고금리 적금으로 알고 가입해서 몇 년 후 목돈이 필요해서 인출하려고 하니 환급금이 납입한 불입액에 턱없이 모자라서 손실을 보거나 해약도 못 하는 경우는 너무나 많은 사례여서 일일이 거론하기도 어렵다. 보험 계약 내용과 상관없이 '5~6%대의 고금리를 복리로 지급하는 고수익 저축성'이라는 문구에 쉽게 사인을 하고 피 같은 돈을 매월 납입한다. 이런 상황하에서도 매년 우리나라에서 변액연금보험으로 850만 건에 23조 원이라는 돈이 납입되고 있다.

보험을 가입할 때 일반인들은 해약공제금액, 해약환급률 등을 고려하기 너무 어렵다. 많은 사람들이 연금보험을 들지만 실제 보험을 계약기간 끝까지 유지하는 비율은 절반을 넘지 못한다는 통계가

현재 보험의 현실이다('09년에 가입 후 '14년까지 해지된 비율: 59.6%). 금융소비자보호연맹은 변액보험을 10년 납입한 후 해약하면 원금을 못 찾는 경우가 허다하다고 밝혔다. 과연 소비자들이 이런 내용들을 정확하게 이해하고 있을까?

우리나라에서 가계와 기업이 지출하는 보험료는 174조 원에 이른다. 매년 납입보험료는 국내 총생산의 12%에 이르고 이는 전 세계적으로 1위이다. 엄청난 규모의 사보험이 운영되고 있는데, 과연 우리가 보험회사에서 얻는 것은 무엇인가? 국민건강보험, 국민연금, 고용보험, 산재보험 등이 있는데도 불구하고 이렇게 많은 민영 사보험을 가입하는 것은 경제적 관점의 판단보다는 인간의 본성인 안정감 추구와 공포심에 기인하는 것이다.

보험회사들은 일반인들이 경제생활을 시작하면 보험과 연금을 들라고 세뇌시키기 시작한다. 그리고 수입의 몇 퍼센트는 미래를 위해서 투자를 해야 한다고 주입한다. 그러면서 미래의 환자이거나 우울한 노인 한 명을 화면에서 보여 준다. 당신의 미래라는 암시를 나누면서 꿈에 나오는 저승사자와 같은 기운을 불어 넣는다. 소비자들은 점점 일어나지도 않는 미래의 걱정으로 가득 차게 된다.

국내 모 보험사의 '보장자산'이라는 캠페인이 있었다. 일반인들은 누구도 닿기 힘든 기준을 만들어 놓고, 기준에 못 미치는 사람들은 모두 미래를 대비하지 않은 대책 없는 사람들로 치부한다. 그리고 온 국민에게 그 기준을 확인해 보라고 광고를 대대적으로 했다. 그러나 돈이 있는 부자들은 그런데 개의치 않았고, 여유가 없는 사람들은 허탈해했다. 어쨌든 넉넉하지 않은 사람들이 마른 수건을 짜

듯 절약한 돈으로 신규 가입을 하기도 했다.

일반적으로 소비자들은 이런 보험상품을 '저축+위험보장'이라는 구성으로 생각하거나 저축상품으로 이해를 하는 데 문제가 있다. 그런데 만약 이런 보험이 저축이라면 수익률이 현저히 낮은 데 문제가 있다. 금융소비자연맹이 국내 생명보험사가 판매하고 있는 60개 변액연금보험 상품 중 54개 상품의 실효수익률이 연평균 물가상승률인 3.19%에도 못 미친다고 발표를 하면서 한바탕 소동이 일어났다. 실제 평균 1.5% 수익률이라는 보고서도 있다. 저수익률도 문제이지만 변액연금보험에 가입한 지 10년 후 상품을 해지했을 때 46개 중 18개 상품에서 원금 손실이 발생한다고 주장했다. 일반인들의 기대치와는 상당히 다른 불편한 사실이다.

이런 모든 문제의 중심에는 '사업비'라는 항목이 있다. 일반 보험 가입자들은 대부분 사업비에 대해서 모르고 있고 보험사에 문의해도 잘 알려주지 않는다. 그런데 관련 자료를 보면 우리나라의 일반적인 보험사의 사업비는 변액 유니버설, 연금보험, 저축보험 상관없이 사업비가 10~20%를 차지한다. 30만 원의 월 납입금을 불입하면 3~6만 원을 사업비로 공제하고 나머지만 투자 되는 것이다. 그러면 사업비는 무엇인가? 쉽게 말해서 보험사의 수수료 이다. 이 사업비로 보험사는 설계사에게 수당을 주고, 직원들 월급을 주고, 사무실을 운영한다. 이런 모든 비용은 우리가 납입한 보험료에서 나가는 것이다. 그리고 우리가 항상 착각하는 정보 중의 하나는 보험사가 말하는 이자율이

보험상품 수수료
설계사 수당으로 나가는 계약 체결 수수료와 보험계약을 유지하기 위한 계약 관리 수수료(유지비+수금비)로 구성되어 있다.

다. 보험사가 말하는 이자율은 사업비를 제외한 투자금에 대한 이자율이다. 이미 누군가가 수수료를 뜯어 가고 난 이후(납입보험료-사업비-보장성보험료) 금액에 대한 이자율이다. 보험사가 말하는 5% 수익률을 보고 우리가 100만 원을 납입했다면 5%는 100만 원에 대한 5%가 아니다. 보험사가 납입료 100만 원 중에서 10만 원의 사업비를 공제했다고 가정하면 90만 원에 대한 5%가 되는 구조다. 실제 납입료 100만 원에 대한 이자율은 4.5% 이하가 된다. 여기에 보장성 보험 특약까지 있다면 원금대비 수익률은 더 떨어지게 된다. 그래서 원금 손실이 나는 마이너스 수익률을 내고 있는 상품들이 즐비하다. 구조적으로는 사업비를 제외하고는 가입자들이 기대하는 수익률이 절대 나올 수가 없는 구조이다. 보험사 입장에서는 시간이 이런 문제를 해결해 준다. 뒤집어 생각해 보면 고객들은 장기간 돈을 묻어 둠으로써 이런 문제가 표면적으로는 보이지 않게 된다.

결국 보험사들은 우리가 납부한 돈을 투자도 하기 전에 수수료

해지 시 수익률 및 계약자 기대수익률 차이 예시(5년 후 해지 가정)

금융감독원 보도자료(2015.5.19) www.fss.or.kr

로 챙겨 가는 것이다. 이것이 정당하다고 생각되는가? 간단히 비교해서 우리가 은행에 100만 원을 입금했는데 은행이 수수료 10만 원을 공제하고 90만 원을 통장에 찍어 준다면 받아들일 것인가? 보험은 어떤 형태이든지 적금과는 다르다는 점을 인지해야 한다.

저축보험, 연금보험의 최대 경쟁자는 적금이다. 이 두 금융 상품은 다른 두 가지를 강조한다. 위험을 부각시키는 보험이 여유와 미래를 이야기하는 적금에게 우선순위에서 밀리는 것 같다. 보험이 적금보다 오래 가는 이유는 보험은 중도해지 시 손실이 크기 때문일 것이다. 단순히 돈을 모으는 목적이라면 적금이 절대적으로 유리하다. 사업비 수익이 필요한 사보험에서 높은 수익률, 세금 혜택, 추가 보장 등을 대대적으로 선전한다. 그러나 사업비에 대해서는 철저하게 침묵을 지킨다. 고객들이 모르고 또 회사가 정확히 설명해주지 않아서 발생한 불완전 판매는 금감원에 접수된 건만 1년에 만 건이 넘는다. 얼마나 많은 소비자들이 저축성 보험을 적금이라고 생각하면서 가입을 하였을까? 변액보험은 원금 손실 가능성과 예금자 보호가 되지 않는 면에서 분명히 정기예금이나 적금과는 다르다.

연금보험, 종신보험이 널리 퍼지게 된 것은 보험설계사의 수수료와도 관련이 있다. 연금보험, 종신보험을 판매했을 때 가장 높은 수수료를 받을 수 있기 때문이다.

보험은 저축이 아니다. 보험을 비용으로 계산하면 유용한 상품이다. 간단히 자동차보험을 생각하면 된다. 보험료 납입하고 잊어버리고 기간이 다가오면 다시 납부하면 된다. 그러면 아주 작은 보험료로 위험을 보장받을 수 있다. 보험은 기본적으로 예상하지 못한 위험과 그에 따른 과도한 부담을 피하기 위해서 가입하는 것이다. 보험 보상금을 평생 받지 않는 것이 오히려 인생에는 도움이 될 수 있다. 실제 순수보장성 보험에 가까운 단독형 실손보험은 월 1만 원대의 보험료로 많은 고위험을 보장받을 수 있지만 대부분 소비자들은 모르는 상품이다. 보험회사에서 홍보를 하지 않고, 판매를 원하는 상품이 아니다. 그냥 구색을 맞추어 두는 상품이다. 월 1만 원의 보험료에 발생하는 수익이 너무 제한적이기 때문이다.

우리가 또 한 가지 간과하는 것은 우리나라의 보험회사는 엄연히 수익을 추구하는 사기업이다. 마치 보험회사가 보험금을 불려줄 것이라 생각하는데, 우리의 보험금으로 시내 곳곳에 빌딩과 사무실, 그리고 수많은 직원들의 월급을 지급한다. 안타깝지만 이런 모든 비용은 우리가 납입하는 보험료로부터 나온다. 전 세계적으로 보험사는 주요 도시에 초고층 빌딩을 가장 많이 소유하는 기업들이다. 한국에도 63빌딩, 교보타워, 동부화재빌딩, 삼성생명 빌딩 등 많은 보험사들이 초고층 빌딩을 보유하고 있다. 그 빌딩의 소유주는 엄밀히 말하면 보험료를 낸 계약자들이라 할 수 있다. 물론 빌딩을 보험사들이 직접 사용한다면 유지 관리비용도 보험 계약자들의 보험료로 운영된다.

그리고 보험사는 쓰고 남는 돈으로 투자를 하거나 계약자에게 보상을 한다. 내가 납입한 보험료보다 보상금을 더 받는다는 것은 다른 사람의 보험 납입료를 사용하는 것이다. 이는 공동으로 위험을 분산시키는 역할을 이야기하는 것이지 저축이나 투자가 아니다.

보험을 왜 가입하는가에 대한 정확한 목적이 있어야 한다. 보험은 인생을 살면서 집을 사는 것 다음으로 가장 비싸고 장기간 구매하는 상품이다. 신중을 기해야 한다. 우리가 보험 청약서에 사인하는 순간 우리의 돈으로 보험사의 비용을 내기 시작한다. 보험은 위험에 대비하는 금융상품이지 투자나 저축이 아니다.

14

질소 가스를 사면 과자는 덤입니다
차이식역과 베버의 법칙

　요즈음 애들에게 용돈으로 천 원을 주면 반응이 시큰둥하다. 천 원으로 살 것이 없다는 것은 애들도 잘 알고 있기 때문이다. 실제로 편의점이나 가게에 가 보면 천 원짜리 과자는 찾아보기 힘들다. 그리고 2,000~3,000원짜리 과자도 사서 먹으려고 하면 커다란 봉지에 과자는 몇 개 들어 있지 않다. 과자의 이러한 포장을 두고 인터넷에 과대 포장을 풍자한 이야기들이 나돌고 있다. 실제 어떤 소비자는 2,500원짜리 과자를 구입했는데 내용물은 단 42g에 불과해서 황당한 마음에 포장 내역을 분석하여 그 내용을 인터넷에 공개하기도 했다. 포장 자체는 크고 보기 좋은 박스로 포장되어 있지만, 실제 과자는 정말 병아리 눈물만큼 들어 있다. 이런 현실을 반영해 인터넷에서는 질소를 샀더니 덤으로 과자가 왔다는 유머가 나돌기도 했다.

　얼마 전 대학생들이 과도한 포장에 항의해서 160개의 질소 과자

봉지를 엮어 뗏목을 만들어 한강을 건너는 퍼포먼스도 했다. 이들은 업체들의 과대 포장을 해학적으로 풀어내면서 여론을 집중시켰다. 제과업체들은 이런 여론의 뭇매를 맞는 수모를 당하면서도 제품의 용량을 줄이는 데 열중하고 있다. 욕먹는 것보다는 수익이 더 우선되기 때문일 것이다. 그런데 고객들은 이제까지 조용히 있다가 왜 최근에야 이런 사실에 민감하게 되었을까? 제과업체들은 그동안 차이식역을 이용한 가격 전략을 수립해 가격을 인상하고, 고객들은 이런 교묘한 가격 인상을 잘 알아채지 못했다.

'차이식역(JND: Just Noticeable Difference)'은 고객이 가격의 변화를 알아차리는 가격 변동의 정도를 말한다. 예를 들어, 가격이 10,000원짜리인 상품이 100원이 올랐다고 하면 소비자들은 가격이 오른 것을 잘 알아차리지 못한다. 주유소의 기름값

● 차이식역(Differential Threshold)
두 개의 자극이 구분될 수 있는 최소한의 차이. J.N.D (Just Noticeable Difference)라고도 불린다.

은 거의 매일 변하지만 소비자들은 10원, 20원이 오르고 내렸다고 해서 잘 알아차리지 못한다. 그러나 기름값이 100원 단위로 변하게 되면 가격이 올랐구나 내렸구나 하고 인지하게 된다. 일정한 범위 내에서는 가격에 변화를 주더라도 고객이 느끼지 못한다는 것을 업체들은 잘 파악하고 있다. 이런 차이식역을 통한 가격 책정은 식품 업계에서 가장 많이 사용하는 기법으로, 가격을 느끼지 못할 정도로 조금씩 여러 번 올리거나 아예 고객들이 잘 모르는 방법으로 내용물을 약간씩 줄여서 수익을 챙기기도 한다.

한국에서 일명 질소 가스 과자봉지가 대표적인 경우이다. 처음에는 잘 부서지는 과자를 보호하기 위해서 질소 가스를 주입하기 시

작했으나, 질소 가스 때문에 실제로 내용물이 얼마나 들어 있는지를 알 수가 없다는 점을 이용해서 제과업체들이 내용물의 양을 점차 줄였다. 그래서 결국에는 질소만 가득 찬 과장 포장이 탄생하게 되었다. 점차적으로 무게를 줄일 때 고객이 알아차리지 못했는데, 쌓이고 쌓여서 어느 날 모든 고객들이 확연한 차이를 알게 된 것이다.

업체들은 고객들의 차이식역을 파고들어 일정 부분 이익을 올렸는지는 모르겠으나, 마침내 소비자들로부터 대 반격을 당하는 결과를 낳았다. 고객들이 그동안 비싸다고 외면했던 수입 과자로 고개를 돌린 것이다. 외국에서 수입한 과자가 절대적인 가격에서 비싸기는 하지만 내용물을 정확히 비교하면 비싸지 않다는 것을 알게 되었기 때문이다. 단기간 과자 수입액이 5배 정도 늘어나는 기현상이 벌어지고 있다.

국내 소비자들이 인터넷을 통해 정보를 쉽게 접할 수 있으면서 점점 현명해지고 있다. 업체들이 감추고 싶은 정보들을 속속들이 공유하고 있고, 이런 정보들은 인터넷을 타고 손쉽게 전파된다. 얼마 전 한 블로거가 한국에서 가장 많이 팔리고 있는 라면 중의 하나인 신라면을 비교해 화제가 되었다. 같은 신라면 컵라면이 일본 61g, 중국 65g, 그리고 한국에서는 44g으로 중량이 다르다는 것을 공개했다. 업체에서는 지역별로 문화가 달라 포장 규격이 다르다고 해명을 했지만, 소비자들의 의심의 눈초리를 지우기에는 역부족이었다. 생산업체들의 가격 차별화 전략이라고도 할 수 있겠지만, 이런 부분들이 고객에게 불신을 심어 주는 주범이 되고 있다.

국내 기업뿐만 아니라 일부 외국 식품사들도 이런 차이식역을 이용한 가격 조정에 열심이다. 잼이나 소스 병의 바닥을 본 적이 있는가? 냉장고를 한번 열어 보시길 바란다. 많은 유리병 용기의 바닥이 오목하게 들어가 있다. 왜 그럴까? 무슨 과학적인 비밀이 숨어 있을까? 사실 대단한 의미는 없다. 소비자들이 눈으로 보는 병 크기는 같이 유지하면서 내용물을 덜 담기 위해서 바닥 모양을 바꾸면서 시작된 것이다. 질소 과자의 유리병 버전이라고 생각하면 쉽게 이해된다.

이와 관련하여 경제학에 나오는 '베버의 법칙 (Weber's law)은 소비자들에게 새로운 정보를 준다. 베버의 법칙은 가격 변화의 지각은 가격 수준에 따라 달라진다는 법칙이다. 즉, 낮은 가격대의 상품의 가격은 조금만 올라도 구매자는 가격 인상을 파악하지만, 높은 가격의 경우 어느 정도 올라도 구매자가 가격 인상을 알아차리지 못하는 현상을 말한다. 소비자는 원래 가격이 800원이었던 것이 1,000원으로 오르면 200원이 오른 것을 금방 알아채지만, 원래 4,600원짜리였던 것이 4,800원이 되면 같은 200원이 올랐지만 단지 조금만 오른 것으로 느끼게 된다. 같은 200원이 올랐지만 구매자가 주관적으로 느끼는 가격 변화는 다르다. 즉, 변하는 금액보다는 원래 금액의 크기에 따라서 느끼는 변화가 다른 것이다.

고가의 물건을 사면서 10만 원, 20만 원짜

베버-페히너의 법칙(Weber-Fechner's law)
감각의 세기는 자극의 로그[對數]에 비례한다는, 즉 S=k log I(S는 감각의 세기, I는 자극의 세기, k는 상수)가 되는 정신물리학상의 법칙. 예를 들면 30g의 무게와 31g의 무게를 손바닥에 놓고 겨우 구별할 수 있는 경우에 60g과 61g의 차를 구별하기는 어렵고, 60g과 62g의 차이라면 겨우 구별할 수 있다. 이렇게 감각으로 구별할 수 있는 한계는 물리적 양의 차가 아니고 그 비율 관계에 의하여 결정된다는 사실은 19세기의 생리학자 E. H. 베버에 의하여 발견되었으므로 베버의 법칙이라고 한다. (두산백과)

리 옵션은 쉽게 선택을 하면서, 막상 10만 원짜리 제품을 사면서는 5,000원이라도 싸게 사기 위해서 몇 시간씩 인터넷을 헤매고 다닌다. 그래서 판매자들은 이런 점을 이용하여 제품을 구성할 때 끼워팔기를 하기 위해서 엄청난 노력을 기울인다.

2002년 대니얼 커너먼이 노벨상을 수상하면서 활발한 연구가 시작된 영역인 행동경제학을 주목해 볼 필요가 있다. 행동경제학(Behavior Economics)은 최근 경제학의 한 분야로 자리 잡았고, 순수 경제학에서 심리학, 사회학 등으로 연구의 폭을 넓힌 데 의의가 있다. 기존 경제학에서 인간을 이성적이며 합리적이라고 본 가정에 대한 의심을 하면서 새로운 분야를 태동시켰다. 사실 기존 경제학에서 정의한 합리적인 인간, 즉 경제활동에 있어서 어떤 선택을 함에 있어 일관되게 가장 최적의 의사결정을 한다는 가정은 너무 이론적이다. 짜장면이냐 짬뽕이냐 고민 없이 어떤 상황에서든 합리적으로 결정을 할 수 있는 인간을 가정한 것인데, 현실에서는 인간의 행동은 그렇게 합리적이지 않다. 단순히 가치를 판단하는 것을 넘어서, 고려해야 하는 많은 변수가 있고 또 타인에게 영향을 받기도 한다. 직장 상사가 짜장면을 시킨다고 내가 눈치를 보면서 짜장면을 시키는 행동은 기존 경제학으로 도저히 설명이 안 된다. 행동경제학은 인간은 항상 합리적이라는 가정을 의심하면서 시작되어 많은 불합리한 점을 밝혀내게 되었고 현실의 인간을 좀 더 잘 설명할 수 있게 되었다.

그러나 이런 행동경제학의 발달은 소비자에게 도움이 되었다기보다는 많은 정보력을 가진 제조, 유통업체들이 행동경제학의 연구 내용을 적극적으로 이용하게 되면서 오히려 소비자들을 쉽게 현혹시키는 방법을 찾아내었다. 인간이 합리적이지 못한 결정을 종종 한다는 점을 이용해 허점을 파고들어 좀 더 교묘하게 속이기 시작한 것이다. 절대 속였다고 하지는 않고 소비자들이 인지하지 못했다고 하면서 슬며시 피해 나간다.

결국 모든 책임을 소비자에게 돌린다. 고객은 왕이 아니라 언제든지 속여 먹을 수 있는 봉으로 재탄생하는 것이다. 소비자들이 과자 한 봉지 살 때조차 내용물이 얼마나 들었는지 과자 그램당 단가가 얼마인지를 생각해야 된다는 것은 너무 가혹한 정신노동을 요구하는 것이다.

가격 정보를 조금 더 투명하게 하기 위해서 정부는 단위 용량 가격표시제(unit price system)를 운영하고 있다. 기본적인 취지는 소비자들이 가격 정보를 좀 더 쉽게 얻을 수 있도록 포장 단위와 상관없이 그램(g), 시시(cc), 리터(L) 등으로 표시하는 것이다. 대형마트에 가서 가격표를 자세히 보면 깨알 같은 글씨로 278원/그램(g) 등으로 표시되어 있다. 제품을 고르면서 이런 단위 가격을 비교해야 되는 상황에 이르렀다. 그런데 어느 방송 프로그램에서 취재를 해 보니 이상한 현상들이 발견되었다. 소비자들은 통상 리필이나 대용량 포장의 가격이 더 쌀 것이라는 막연한 경험과 믿음을 가지고 있다. 그런데 일부 품목은 대용량 포장의 제품의 단위 가격이 더 비싼 것이다. 예를 들면 맥주 1.6리터짜리의 단위당 가격이 맥주 1리터 포장의 단위당 가격보다 더 비싼 것이다. 이것이 단순한 실수일까 아니면 고도

하이트 맥스(피쳐/1600)
₩ 3,800
100ML당238원 0101010 07/19
8801119266804 01045 A

하이트 맥스(피쳐/1000)
₩ 2,270
100ML당227원 0101010 07/19
8801119266903 01045 A

의 가격 전략일까? 아마도 1.6리터 포장 맥주의 판매량이 1리터 포장 맥주보다 많았을 것이다. 맥주 업체는 꿩 먹고 알 먹고 전략이 될 수 있다. 저렴한 원가에 많이 팔고 이익도 많아진다. 소비자는 그런 것을 모두 비교해 보고 구매하지는 않는다. 아마 그런 식으로 쇼핑하려면 대형마트에서 하루 종일 보내야 하거나 컴퓨터를 들고 다녀야 할 것이다.

기본적인 상호 신뢰가 없어진 시장 상황에서 소비자들은 엄청난 비용을 치르고 있는 것이다. 이런 상황에서 소비자가 대형 업체를 상대로 직접 할 수 있는 일은 많지 않다. 가장 적극적으로 할 수 있는 행동은 구매를 안 하면 된다. 그렇지만 그런 방법으로 살아갈 수는 없다. 다행인 것은 정보화 사회에서 소비자가 단결을 하면 방법은 있다. 원시 시대에 살아남는 방법으로 부족을 이루는 것과 같은 방법이다. 발달된 인터넷으로 정보를 공유하고 집단 지성의 힘을 발휘하는 것이다. 정보를 공유하여 나의 경험과 지식이 다른 소비자에게 영향을 줄 수 있도록 한다. 소비자들이 나서서 정보의 비대칭 구도를 깨야 한다. 업체들은 이익이 되지 않는 행위는 절대 하지 않는다. 소비자에게 정확한 정보를 올바른 방법으로 전달하지 않았을 때 손실이 발생한다는 것을 분명히 인지하면 절대로 그런 짓을 하지 않는다. 이익이 없는 곳에 행동이 없다.

15

아파트를 적정한 가격에 사는 방법

가격 상한제와 정보의 투명성

부동산 가격 상한제와 분양원가 공개 중 어떤 것이 더 소비자에게 유리할까? 수많은 이해관계자들이 서로 다른 해법을 이야기하고 있다. 물론 소비자를 포함해서 각자의 이해득실에 따라서 이런 주제로 갑론을박한다. 최근 다시 분양가 상한제에 대한 논의가 뜨겁다. 2007년부터 여러 차례 개정을 통해서 시행된 '주택법'에 근거한 분양가 상한제에 대한 논의가 다시 새롭게 시작된 것이다.

일단 논란의 중심에 있는 분양가 상한제와 분양원가 공개는 말 자체가 쉬운 것 같아도 내용은 복잡하다. 일반 소비자들이 자세한 내용을 알기는 쉽지 않다. 어떤 경우에는 이해관계자들이 원하는 프레임을 미리 짜 놓고 포장만 그럴싸하게 하는 경우도 다반사이니 더욱 이해하기가 쉽지 않다.

지난 몇 년간 가파른 전셋값 상승률에 불만의 목소리가 높다. 박근혜 정부 출범 이후 서울 아파트의 전셋값은 매월 270만 원씩 올랐다는 통계가 있다. 서초구는 매월 536만 원씩 올랐다고 한다. 노무현 정부 때의 76만 원, 이명박 정부 때의 136만 원에 비교하면 과연 폭등이라고 불릴 만하다. 올라가는 전셋값에 전세 난민이 발생하고 있다. 전세 난민은 전셋값이 상승해 주거 안정에 상당히 심각한 위협을 받는 서민들을 뜻한다. 이들은 싼 전세를 구하기 위해서 서울 지역 변두리로 이주해 나가거나 일부는 수직 상승하는 전셋값 때문에 융자를 통해서 집을 구매하고자 하는 방향으로 움직이기도 한다.

최근 전셋값을 올려 달라는 집주인의 요구에 아파트를 분양받으려고 하는 회사원 K씨도 그런 사람 중의 하나이다. 그런데 K씨는 나름 부동산에 대해서 열심히 공부를 해 보았지만, 도저히 현재의 부동산 정책이나 시장 상황을 이해할 수가 없었다. 한 가지 확실히 느끼는 것은 부동산 가격이 엄청나게 올랐다고 생각하는데, 어느 정도의 가격이 합리적인지는 도저히 판단을 할 수가 없다. 가격의 기준이 확실하지 않으니 판단을 할 수가 없다. 가격이 오를지 내릴지를 판단하는 것을 떠나 현재 가격이 적정한지조차 알 수가 없다. 지방 출신인 K씨가 서울에 왔을 때만 해도 현재 수도권 아파트들이 자리하고 있는 곳은 논밭이거나 나대지였다. 그런데 어느 날 허허벌판에 지어진 아파트가 평당 1,000만 원, 2,000만 원을 훌쩍 뛰어넘었고, 강남 중심지는 최근 4,000만 원대에 분양이 이루어지고 있다. 건설사에 근무하는 친구의 이야기로는 아무리 고급스럽게 지어도 아파트는 평당 500만 원이면 짓는다는데 어떻게 강남 한 중심도 아닌 도심 외곽의 아파트가 평당 1,000~2,000만 원의 가격이 훌쩍 넘어가는지 이해할 수가 없다. 많은 부분이 땅값이라고 하는데 논밭을 메운 땅값이 언제부터 그렇게 올랐는지 알 수가 없다. 고층 아파트의 대지 지분은 많아야 고작 30% 수준이다. 30평짜리 아파트이면 땅은 고작 10평이라는 이야기 아닌가? 주상복합이라면 20%대 이하로 떨어진다. 도무지 적당한 가격을 산정할 수가 없다.

용산파크자이 감정가 13억 원 분양면적 47평, 전용 면적 37.42평, 대지 면적 6.26평; 반포 래미안 퍼스티지 감정가 14억 원, 분양 면적 34평, 전용 면적 25.69평, 대지 면적 12.82평.

최근 정부에서는 분양가 상한제를 폐지한다고 했다. 그런데 분양가 상한제를 할 때도 가격은 이미 높았다. 그러면 상한제가 무슨 의미가 있다는 말인가? 오히려 상한제가 가격의 기준을 제시해서 가격을 더 높인 것은 아닌가 하는 생각이 든다. 이래저래 고민만 깊어지고 판단을 할 수가 없다. 누가 합리적인 정보로 좀 도와주었으면 좋겠지만 모두들 전혀 다른 이야기를 한다.

역사적으로 가격 상한제는 많이 있어 왔다. 이미 로마시대에도 가격에 대한 상한제를 실시해 왔다는 기록이 있다. 그런데 가격 상한제가 장기간 성공한 예는 역사적으로 없다고 보면 된다. 가격 상한제는 상당한 부작용을 탄생시키고 사라진 것이 일반적이 예이다. 상한제 가격이 너무 낮을 경우에는 공급이 줄어들어 공급 부족을 일으킨다. 공급이 부족하니 긴 줄을 서서 배급받듯이 물건을 구매해야 한다. 소비자 입장에서는 엄청나게 불편함을 초래하게 된다. 또한 가격이 정해져 있으므로 좋은 품질의 제품을 만들 필요가 없고, 결국 품질 저하를 피할 수 없다. 공급자는 제한된 가격으로 이익을 남겨야 함으로 원가를 낮춘 저품질의 제품을 공급하게 된다.

결국 품질이나 공급 문제로 암시장이 나타나게 되고, 소비자는 오히려 비싼 가격에 구매를 하게 되는 역설이 발생한다. 누군가는 이런 상황을 이용해 폭리를 취하게 되고, 소비자는 이래저래 불편을 겪게 된다. 상한제하에서 가격이 높을 경우에는 다른 문제가 발생한다. 고객은 구매 자체를 꺼리게 된다. 그리고 공급 자체가 불투명해져서 물건이 아예 시장에서 사라질 수가 있다. 상한제 가격이 현저히 낮다면 공급자들은 수익이 없으므로 공급이 없어질 수 있다.

로마시대의 가격 상한제

디오클레티아누스는 오리엔트식 전제군주정을 통하여 로마제국을 위기에서 탈출시키고 효율적인 통치 체제를 회복시킨 황제로 알려져 있다. 하지만 한편으로는 기독교를 탄압하고 로마경제를 붕괴시킨 황제로도 유명하다. 황제의 자리에 오른 디오클레티아누스는 제국의 안정을 위해 안으로는 치안에 힘쓰고, 밖으로는 변방 민족들의 침략에 대비하려고 노력하였다. 이를 위해 그는 제국을 분할 통치하기로 결정하고, 자신을 포함한 2명의 황제와 2명의 부황제를 두는 사두(四頭) 정치체제를 시행하였다. 제국을 동서로 나누어 2명의 황제가 각각 맡고, 각 황제의 아래에 부황제를 한 명씩 두어 국방을 분담하는 사두 정치체제는 방위적인 측면에서는 매우 효과적이었던 것으로 평가받았다. 하지만 경제적인 측면에서는 부작용도 발생하였다. 우선 제국을 양분하여 치안과 국방을 수행함으로써 이전보다 훨씬 많은 병력이 필요하게 되었다. 또한 행정체제도 양분되다 보니 관료의 수도 그만큼 늘어날 수밖에 없었다. 이는 자연스레 군비 증강과 재정의 확대로 이어졌다. 디오클레티아누스는 새로운 조세제도를 통해 늘어난 재정 수요를 충당하려고 하였지만, 이러한 계획은 오히려 인플레이션을 유발하는 계기로 작용하였다. 인플레이션이 진정될 기미가 보이지 않자 그는 서기 301년 '가격통제칙령'을 공포하기에 이른다. 칙령은 시장에서 유통되는 수많은 재화와 서비스의 가격을 동결하고, 이를 초과하여 물건을 팔거나 사는 사람들은 엄벌에 처한다는 내용을 담고 있었다. '가격상한제'를 실시하여 가격을 통제함으로써 인플레이션을 완화시키려고 했던 것이다. 지키지 않을 경우 엄벌에 처한다는 방침 때문이었을까? 가격통제가 실시된 초기에는 인플레이션이 둔화되는 듯 보였다. 하지만 인플레이션이 가속화되고 화폐 가치가 떨어지는 상황에서 낮은 가격으로 물건을 팔려고 하는 상인들은 점점 사라져갔다. 급기야는 가게의 문을 닫고 폐업을 선택하는 상인들까지도 속출하였다. 가격을 통제하여 인플레이션을 잡아보려고 했던 디오클레티아누스의 선택은 결국 실패로 끝이 난 것이다. (한국경제, 인문학과 경제의 만남: '임대료 안정법' '가격통제칙령', 그리고 '전월세 상한제' 2011-08-19)

이런 가격에 지속적으로 공급이 발생하려면 누군가는 손실을 져야 한다.

우리나라에서 주택공급 구조를 보면 상한제는 많은 부작용만 양산했지 별 효과가 없었다. 소위 딱지(분양권) 거래, 떴다방, 과도한 프리미엄, 분양 신청 줄서기 등등 실질적인 경제적 효과는 없이 시장을 왜곡하기만 했다.

우리나라 주택시장에서 어떤 정책적 방법을 취하더라도 기본적으

중앙5계 2014-15*** 반포동 아파트

서울 용산구 한강로1가50-1 용산파크자이 17층 C-17**호

로 기대한 효과를 볼 수가 없었고 반짝 효과에 그쳤다. 그동안 수많은 부동산 정책들이 나왔지만, 근본적인 문제를 해결하거나 국민의 기본 권리인 주거 안정에 도움이 된 정책은 그리 많지 않았다. 이유는 부동산 가격 안정, 서민층 주택 공급이라는 원래의 목표를 추구했던 것이 아니기 때문이다. 누군가의 이권이 깊숙이 개입된 정책의 실시로 정책의 원래 목표를 실현할 수가 없었다. 또한 소비자들은 합리적인 판단을 할 수 있는 투명한 정보를 얻을 수 없었다.

2014년 총선 당시 집권 여당은 아파트 분양 원가 공개를 공약으로 내 걸었다. 적극 추진되지 않아서 비난을 받고 있는 부문 중의 하나이다. 아파트 분양 원가 공개는 분양가를 자율화하고, 건설사가 택지비, 건축비 이윤 등을 공개하고 외부 심의위원회에서 검토 공개한다는 방안이다.

그런데 분양 원가 공개는 분양가 상한제와는 좀 다른 관점에서 볼 수 있다. 이는 거래에 제한을 두는 것이 아니라, 정보의 대칭성을 확보하는 개념이라고 보아야 한다. 인생에 있어서 가장 큰 재화를 구입하는 소비자는 현재 너무나 제한된 정보를 가지고 구매 결정을 한다. 주택 거래는 다른 재화에 비해 상대적으로 거래 빈도가 낮아 거래 정보가 부족하고, 이로 인한 시장 지배, 경제적 남용, 그리고 가격 조작 등 거래의 불균형이 일어날 가능성이 높다. 특히 한국처럼 선 분양제 시장 구조에서는 심각히 우려되는 상황이다. 구매하고자 하는 재화의 원가에 대해서 구체적인 정보 없이 그냥 누군가가 제시한 가격을 근거로 판단하고 구매하고 있다. 심지어 실제 물건은 보지도 않고 공급자가 제시하는 홍보물, 견본 그리고 설계도만을 기준으로 판단하여 구매하여야 되는 구조이다. 사실 외국에서는 주택의 적정 가격은 주택 보유로부터 나오는 현금 흐름을 주택 구입 자금에 대한 기회비용으로 할인하여 추정한다. 그러나 우리나라는 주택임대 사업이 활발하지 않으니, 가격 판단을 주변 시세에 의존할 수밖에 없다. 가격에 대한 정보는 주변을 참조해서 얻은 가격 이외에는 없는 현실이다.

분양원가 공개 어떻게 볼것인가.
연강흠, 나라경제 2004년. 6월 p. 40.

분양 원가를 공개한다고 하니 시장경제의 기본 질서에 반하고, 사기업의 영업 활동 자유를 침해한다고 하는 등 엄청난 반발이 있다. 그러나 부동산은 일반재화가 아니다. 부동산은 시장 경제에서 거래되는 재화이지만, 사회성과 공공성이 큰 재화라는 점을 상기해야 된다. 재생산과 이동성이 없어 무한정 공급될 수 없는 특징을 가진 재화이고, 공유 재산에 가까운 재화이다. 이런 측면에서 법원에서도 이미 원가는 기업 비밀에 해당되지 않는다고 판시하고 있다. 특히 공급자 중심의 시장에서는 설득력이 더 강하다.

기업의 입장에서는 차별화된 입지나 설계 등으로 충분히 이익을 확보할 수 있음에도 불구하고 손쉬운 기득권을 내려놓으려 하지 않는다. 소비자들이 차별성에 대해서는 비용을 지급할 의도는 있으나 업체들은 차별성을 확보하는 것보다는 쉽게 이익을 누릴 수 있는 방법을 원한다.

각종 자료를 보면 부동산 활황기에 건설사들은 엄청난 이익을 얻었다. 실제 과다한 수요를 등에 업고 폭리 수준의 이익을 얻었다. 그리고 업체들은 이익을 극대화하기 위해서 토지를 통한 불로소득 수요를 자극했다. 건설사들은 기업이 이익을 취하는 것은 당연하다고 항변을 한다. 사실 건설사가 폭리를 취할 수 있는 구조를 만든 것이 문제이다. 건설사의 폭리는 결과물이지 원인이 아닌 것이 사실이다. 아무리 건설사들이 폭리를 취하려고 해도 수요자가 없어 분양이 되지 않으면 폭리 자체가 성립할 수가 없다. 그러나 여기에는 논리적 함정이 있다. 업체들은 독점적 정보를 가지고 있고, 이를 통해 시장을 원하는 대로 이끌어 갔다. 소비자들은 가격, 원가에 대한 정보가 없으니 제시된 가격을 받아들일 수밖에 없는 구조이고 기업의 폭리도 알지 못했다.

원가 공개에 관련된 논란은 주택시장을 어떻게 볼 것이냐 하는 관점의 차이이다. 주택을 국민 생활을 위한 최소한의 조건, 공공재로 본다면 이러한 논란은 쉽게 사라질 수 있다.

자본주의 시장경제의 기본 가정인 정보의 투명성이 가장 중요한 요소가 된다. 정부가 할 수 있는 일은 어떤 시장 통제나 촉진보다는 시장의 약자인 소비자에게 정확하고 적절한 정보를 제공하는 것이다. 물론 그 정보는 신뢰성이 확보되어야 한다. 의도가 들어간 정보가 아닌 순수한 정보가 제공되어야 한다. 우리나라 소비자보호법에 명시되어 있는 소비자의 기본 권리 중의 하나이다. 소비자 보호법에는 "소비자는 물품 및 용역을 선택함에 있어서 필요한 지식 및 정보를 제공받을 권리가 있다."라고 명시하고 있다.

소비자들은 제공된 정보와 개인적인 판단 능력을 발휘하여 적절한 판단을 해야 한다. 투기성 투자가 아니라 본인의 살 집을 마련하려

아파트 분양원가 공개의 경제학적 고찰, 임덕호, 주택연구 제13권, 2005년 p. 57.

고 한다면 그렇게 어려운 선택 과정은 아니다. 100%는 아니더라고 대부분의 주거 목적을 위한 주택 구입을 위해서 투명하고 접근 가능한 정보가 있어야 한다. 부수적으로 투명한 정보는 각종 로비, 담합, 비리, 불법하도급 그리고 비자금 조성 등으로 부패의 온상으로 지목받고 있는 건설사들의 건전한 경영에도 상당한 효과가 있을 것이다.

아직도 민간 기업의 원가 공개에 대한 논란이 있다면 일단 이런 점을 개선하기 위해서 최소한 정부가 운영하는 기관에서는 분양 원가를 공개할 필요가 있다. 합리적인 원가가 공개되면 이는 좋은 참고 지표가 될 것이다. 그동안 공공기관이 과다한 분양가를 책정했다는 비난에서도 벗어날 수 있을 것이다. 부동산이 일정 부분 공공재라는 특성에도 부합할 것이다. 소비자의 선택의 폭도 넓어질 수 있다. 적절하고 투명한 정보가 소비자에게는 가장 중요하다. 판단은 소비자 각자의 능력에 맡겨도 된다.

16 하늘 아래 공짜는 없다
공짜의 마력과 비용배분

일본으로 유학 온 대학생 J씨는 급하게 수업 자료를 복사해야 했다. 오늘 수업에서 주제 발표자이기 때문에 발표 자료를 나누어 주어야 하는데 미처 준비를 하지 못한 것이다. 학교 내 편의점으로 달려갔지만 일본의 거의 모든 편의점에 있는 복사기는 대학 내 편의점에는 없었다. 수업 시간은 다가오는데 난감한 처지였다. 마침 같은 과 친구를 만나 상황을 설명하니 친구가 J씨의 손을 잡고 간 곳은 '타다카피'(Tada copy; 공짜 복사라는 일본어)라는 복사 전문점이었다. 열심히 복사를 하고 계산을 하려고 했더니 이곳에서 복사는 공짜라고 했다. 그냥 학교에서 운영하는 복지시설이라고 생각을 했다. 역시 학생들을 위하는 시설이 잘 되어 있다는 생각을 하면서 급하게 수업에 들어갔다.

무사히 수업을 마치고 커피를 마시면서, 같은 과 친구들에게 복사 이야기를 했더니 타다카피는 학교에서 운영하는 복지시설이 아니라고 한다. 그러면서 수업 때 나누어 준 자료의 뒷면을 보여 주었다. 정신없이 복사하고 수업한다고 보지 못했는데 뒷면에 학교 앞 상점들의 광고가 빽빽이 인쇄되어 있었다. 광고가 인쇄된 복사지를 사용한다고 복사가 공짜라니 언뜻 이해가 되지 않았다.

친구들은 웃으면서 이 사업의 첫출발이 게이오 대학(Keio University, 慶應義塾大學)이라면서 자세히 설명을 했다. 타다카피를 운영하는 회사는 '오셔나이즈(Oceanize, inc)'라는 회사인데 게이오대 학생들이 차린 기업이고 엄청나게 빨리 성장했다고 했다. 가게를 차려 놓고 복사를 공짜로 해 주는데 수익이 난다니 신기할 따름이었다. 사업을 시작한 첫해 2006년에 수익이 3억 5,000만 원이었지만, 2010년에는 41억 원을 넘어섰고, 게이오 대학에서 출발했지만 2년 만에 46개 대학에 타다카피가 설립되었고 현재는 197개 이상의 대학에 무료복사 서비스를 제공하고 있다. 요즈음 유행하는 사업 모델 중에 하나로 사용자에게 비용을 받지 않고 제3자로부터 후원을 받아서 수익을 내는 모델이다.

J씨는 마침 경영학을 전공하고 있어서 이런 사업 모델에 관심이 많았다. 그래서 이런 비즈니스를 좀 더 찾아보았다. 세상에 진짜 공짜가 있었다. 물론 비용은 누군가는 내지만 사용자는 내는 돈이 없었다.

뉴질랜드의 '트랜스퍼카(Transfercar)'는 자동차를 무료로 렌트해 준다. 원리는 공짜 복사만큼이나 간단하다. 렌터카를 어떤 지점으로 옮겨야 할 때 같은 코스로 렌터카를 사용하고자 하는 이용자들이 차량을 대신 배달해 주는 것이다. 예를 들면, 어떤 고객이 렌터카를 서울에서 빌려서 부산에서 반납을 했다면 렌터카 회사는 그

렌터카를 서울로 옮겨야 한다. 편도로 이용한 고객이 편도 이용 수수료를 내었으므로 비용은 이미 지급되었다. 렌터카 회사는 운송 비용을 들이지 않고 편도 이용이 필요한 고객을 신청받아 무상으로 렌트해 주고, 회사는 차량을 서울에서 받는 것이다. 언제나 사용할 수 있는 것은 아니고 렌터카 회사가 지역, 자동차 유형, 기간을 공지하면 신청해서 사용하는 방식이다. 회사가 필요로 하는 차량 운송을 고객이 대행해 주는 방식이다. 서로 필요로 하는 서비스를 공유하는 것이다.

한국에서도 이런 서비스가 있다. 대학 재학생인 전해나 씨가 창업한 '애드투페이퍼(www.add2paper.com)'라는 회사이다. 이 회사는 타다카피의 아이디어와 비슷한 서비스지만 복사가 아닌 무료 출력 서비스를 제공한다. 사실 복사도 많이 하지만 요즈음은 컴퓨터 이용 증가로 출력이 더 필요하다는 데에서 사업 아이디어를 얻었다. 그리고 타다카피는 뒷면에 광고를 하지만 애트투페이퍼는 출력 용지의 아래, 위의 여백에 광고가 들어간다. 단순히 출력 용지에 광고를 삽입하는 것을 넘어서, 모바일 어플리케이션을 개발하여 핸드폰 어플리케이션에 광고를 한다. 어플리케이션에 자료를 올려 두고 출력을 하는 경우가 많으니 출력을 할 때마다 어플리케이션 사용자들은 자동으로 올라오는 광고 정보를 보게 된다. 두 개의 플랫폼을 동시에 사용하여 수익도 늘리면서 더 많은 학생들에게 무료 출력 서비스를 해 줄 수 있다. 최근까지 121개 대학에 2,882개의 출력 센터를 설치했고, 40만 명의 회원을 유치하고 있다. 엄청난 속도로 성장을 한 것이다. 특히 주머니 사정이 넉넉하지 않은 학생들은 이런 서비스를 적극적으로 찾아서 활용하니 사업이 번창할 수밖에 없다. 아마 학교 앞 복사, 인쇄점들은 엄청난 어려움을 겪고 있을 것이다.

이런 사업 아이디어는 기본적으로 상호 가치를 창출하는 데 의의가 있다. 항상 비용을 내는 사람과 서비스를 받는 사람이 같다는 고정관념을 뛰어넘어 제3자의 비용으로 필요로 하는 사람들에게 적절한 가치를 제공하는 것이다.

공짜는 엄청나게 사람들의 행동을 끌어당기는 마력이 있다. 미국의 MIT에서 실시한 한 실험을 보면 공짜의 힘을 더욱더 실감할 수 있다. 실험은 간단히 두 개 중의 하나를 선택하는 데서 시작한다. 10달러짜리 기프트 카드를 1달러에 구매할 수도 있고, 20달러짜리를 8달러에 구매할 수도 있도록 했다. 실험에 참가한 사람들은 자유롭게 선택을 할 수 있다. 참가한 학생들의 3분의 2가 20달러짜리를 선택했다. 당연히 9달러보다는 12달러를 절약할 수 있으니 현명한 선택이다. 그리고 이번에는 실험 조건을 바꾸어서 1달러씩을 더 싸게 낮추었다. 10달러짜리는 공짜가 되고, 20달러짜리는 7달러가 되었다. 그런데 이번에는 정반대로 전원이 10달러짜리를 선택했다. 두 개의 선택을 비교해 보면 10달러와 13달러의 이익이 있는데 왜 모두 10달러의 이익을 선택했을까? 모두가 좀 더 많은 이익보다 공짜를 원했기 때문이다. 공짜 서비스는 많은 것을 가능하도록 만들어 준다.

모든 것의 가격(The price of everything), 이두아르도 포터, 김영사, 2011, p. 207.

그러나 세상에 정말 공짜가 있을까? 누군가는 비용을 지급해야만 서비스나 재화가 생산된다. 무료 복사나 출력의 경우에도 광고를 하는 사람들이 비용을 지급한다. 광고주들은 소비자들로부터 나오는 수익으로 그런 광고 비용을 마련해야 한다. 무료 복사에 광고비를 지출한 학교 앞 음식점이나 술집은 광고 비용을 지출한 만큼 수익을 확보하려고 음식이나 술값에 광고비용을 반영하였을 것이다.

　이런 무료 서비스에서 중요한 점은 누군가는 비용을 낸다는 것이다. 다만 지금 내 지갑에서 현금이나 카드를 내지 않아도 된다는 것이 다를 뿐이다. 곰곰이 생각해 보면 세상에는 공짜 같은 것들이 참으로 많다. 사실 방송도 무료로 보고, 지하철역 앞에 무가지 신문도 공짜이다. 인터넷으로 뉴스 기사도 공짜로 얼마든지 볼 수 있다. 그런데 우리가 이런 비용을 지급하고 있다는 점을 분명히 상기해야 한다. 특히 우리는 광고를 들어 주는 형태로 비용을 지급하고 있다. 그리고 누군가가 그 제품을 구매하면서 광고 비용을 지급한다. 진정한 공짜라고 생각하면 오산이다. 논리적으로 누군가가 나에게 공짜로 제품이나 서비스를 제공할 이유가 전혀 없는 것이다. 공짜를 마주할 때는 깊이 생각을 해야 한다. 누가 비용을 지급하는가? 공짜라고 알았는데 내가 그런 비용을 지급하고 있는 것은 아닌가를 반드시 생각해야 한다.

　학교 앞 음식점은 공짜 복사에 광고를 하고 술값이나 밥값을 살짝 올렸을 수도 있다. 단, 비용이 어떻게 전가되는지 불분명하기 때문에 잘 알아차릴 수 없다. 그리고 얼마가 나에게 부담이 되는지도 산정하기 어렵다. 그러나 누군가가 부담하는 것은 분명하다.

　방송 광고의 경우에는 수많은 사람에게 동시에 광고를 집행한다.

수천수만 명이 그 광고를 들었고 대신에 공짜로 재미있는 드라마를 즐겼다. 그럼 비용은 누가 지급하는가? 그 제품을 실제로 구매한 일부 소비자가 균등하게 나누어서 지급한 것이다.

하늘 아래 공짜는 없다. 그러나 누군가가 나를 위해서 비용을 지급한다면 감사해야 할 일이다. 그렇지만 누가 그 비용을 부담하는지 다시 한 번 생각을 해 보아야 한다. 누군가는 반드시 그 비용을 부담해야 한다. 혹시 내가 그 비용을 부담하는 사람은 아닌지 생각해 보아야 한다. 나만 아니면 된다는 접근은 세상에 공짜를 가장한 물건이나 서비스가 판치게 만들 수도 있다.

일본의 '타다 카피' 복사지 뒷면의 광고들

출처 : http://www.tadacopy.com/download/2014tadacopy.pdf

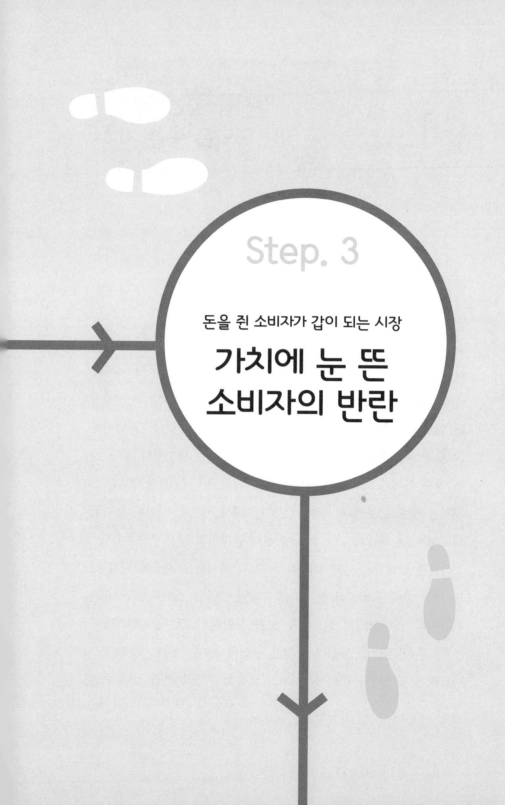

Step. 3

돈을 쥔 소비자가 갑이 되는 시장

가치에 눈 뜬
소비자의 반란

1

가치를 쫓는 자와 이익을 쫓는 자

삼성과 샤오미

2011년 8월 중국의 벤처사업가이자 초짜 핸드폰 제조업자인 레이쥔(電軍)의 등장은 짝퉁이라는 혹평과 함께 시작했다. 그는 제품 출시장에 애플의 스티브 잡스와 같이 검정색 터틀넥 셔츠와 청바지를 입고 나와서 신제품 스마트폰을 잡스처럼 소개했다. 그 당시에는 제정신이 아닌 뻔뻔한 짝퉁으로 보는 게 너무 당연했다. 숨어 있던 짝퉁 업자가 대담하게 세상 밖으로 나와서 나는 짝퉁이라고 소리치는 것으로 보였다. 사람들은 짝퉁 회사 사장인 레이쥔이 누군지도 몰랐고, 더구나 그는 외국에 전혀 알려지지 않은 인물이었다.

신제품 발표일에 샤오미(Xiaomi, 小米)의 레이쥔은 시중에 나와 있는 사양 중에서 최고라 할 수 있는 첨단 사양의 스마트폰을 1,999위안이라는 가격으로 발표했다. 모든 사람들이 그 1,999위안짜리 스마트폰의 성능을 의심하는 것은 당연했다. 마치 새로 발표된 스마트폰은 얼마나 애플과 삼성을 잘 모방할 수 있는가를 보여 주는 듯했다. 한편에서는 레이쥔 사장은 핸드폰으로 수익을 낼 생각이 없다고 공공연하게 이야기했다. 참으로 평가하기 힘든 상황이었는데 3년이 지나서 그들은 세계의 이목을 끄는 회사가 되었다.

짝퉁이라 혹평을 받던 샤오미는 스마트폰을 출시한 지 3년 만인 2013년에 316억 위안(5조 2,500억 원)의 매출을 올릴 만큼 공룡으로 성장했고, 중국 시장에서 스마트폰 출시 3년 만에 삼성과 애플을 제치고 1위를 차지했다. 2013년도 11월 11일(쌍십일, 중국에서 독신자의 날)에는 판매 시작 3분 만에 1억 위안(168억 원 정도) 치의 스마트폰을 판매했다. 2015년에는 스마트폰 7,000만 대를 판매할 만큼 성장을 했다.

많은 사람들이 저가 짝퉁이라고 평가했지만 샤오미는 새로운 시도를 가지고 시장에 진입했다. 특히, 유통에 있어서 구글도 실패한 온라인 판매 방식을 도입해서 성공을 했다. 이제까지 핸드폰 시장에서 온라인으로 판매해서 성공한 회사는 없었다. 온라인 판매가 중요한 것은 고객들의 정보를 한눈에 알 수 있고, 평균 40%나 되는 유통 비용을 절감할 수 있기 때문이다. 이는 제조자가 원하는 가격에 원하는 제품을 만들 수 있는 지름길이기도 하다. 샤오미는 이런 유통 체계의 혁신에 더하여 소프트웨어 혁신을 시도했다. 샤오미를 창업하고 레이쥔이 가장 먼저 한 일은 스마트폰을 만드는 것이 아니라 '미유아이(MIUI)'라는 운영체계를 개발한 것이다. 상식적으로 이해하기 힘든 전략을 택한 것이다. 핸드폰 단말기를 만드는 회사가 핸드폰을 만들기 전에 핸드폰 소프트웨어를 먼저 만들고 있었던 것이다.

샤오미는 좋은 학교를 졸업한 화려한 연구자들이 개발한 복잡한 솔루션이 아니라, 고객들을 초대해서 제품의 설계와 연구개발에 직접 참여하게 해 완벽한 개방식 운영체제를 추구했다. 참여한 고객들은 샤오미가 만든 스마트폰을 사는 것이 아니라 그들 자신의 개발품을 사는 것처럼 느꼈다. 이런 고객과 쌍방향 참여가 회사의 기본 운영 방식인 관계로 샤오미의 사장인 레이쥔 역시 매일 게시판을 방문하고 답변을 한다. 샤오미는 고객들의 의견이 반영된 새로운 소프트웨어를 매주 금요일 오후 5시에 공개한다. 심지어 세 가지 언어로 출시된 소프트웨어를 고객들이 25가지 언어를 개발해서 업로드할 정도로 참여가 활발하다.

샤오미는 사업을 시작할 때부터 세 가지(하드웨어, 소프트웨어, 인터넷 서비스) 영역을 전략적으로 설정하는 혁신을 했다. 그들은 다른 핸드폰 제조 업체와 같이 하드웨어에 모든 것을 쏟아부은 것이 아니라, 인터넷 플랫폼 회사라고 스스로를 규정했다. 이들은 스마트폰이라는 인터넷 사용의 접점을 장악하는 자가 곧 새로운 시대의 제왕이 될 것으로 보았다. 그런 접점을 장악하기 위해서 단기간의 수익을 포기 또는 유보하면서 원가에 가까운 가격으로 시장에 진입하였다. 그래서 막연히 싼 스마트폰이 아니라 상당히 전략적인 접근으로 가격 설정을 했다. 우리가 생각했던 짝퉁이라는 회사가 가진 전략치고는 너무나 원대한 이상이었다. 이것은 아마 원가에 근접하게 판매하는 아마존의 전자책 킨들(Kindle)과 유사한 전략을 구사한 듯하다. 아마존은 킨들 전자책 단말기를 거의 원가에 공급하고, 킨들 사용자에게 전자책을 사도록 하고 있다. 사실 전자책의 원가는 저작권료만 제외하면 거의 무시할 정도이다. 아마존은 킨들로는 수익을 못 올리지만 전자책을 팔아 막대한 수익을 올리고 있다. 전자책 단말기인 킨들은 고객들과 통하는 관문에 불과하다.

사실 샤오미뿐만 아니라 중국의 공룡 인터넷기업이 된 바이두(Baidu)도 유통 채널을 장악하는 사람이 개발자를 장악하고, 개발자를 장악하는 사람이 모바일 인터넷의 생태계를 장악할 것이라며 소프트웨어적인 접근을 하고 있다. 점점 샤오미와 같은 전략을 가진 회사들이 등장하고 있다.

샤오미의 초창기 창업자들 구성을 보면 그들의 전략이 이해가 쉽게 간다. 샤오미의 초기 공동 창업자 7명 중에서 5명이 프로그래머 출신이고, 이들은 핸드폰 회사를 하면서 "소프트웨어 먼저 하드웨어를 나중에"라고 주장하면서 소프트웨어 개발에 열을 올렸다. 그리고 이제 그들은 스마트폰과 소프트웨어를 넘어서 스마트폰이라는 단말기를 통해 사물인터넷(IoT)의 세계로 들어가려고 한다. 샤오미로 모든 삶이 연결되는 것이라는 원대한 꿈을 키우고 있다. 스마트폰의 단말기는 그들에게는 통하는 도구일 뿐이다. 그래서 샤오미는 1,999위안(35만 원)이라는 가격으로 최고 사양의 스마트폰을 시장에 출시하고 있다. 이런 가격을 유지하기 위해서 온라인 유통을 통해서 유통 비용을 최소화하고, 매출의 1% 미만만 광고로 지출하고, 길거리 광고 같은 고비용 마케팅 방법은 하지 않는다. 그들의 가격 전략을 모든 경쟁업체들이 숨 죽여 지켜보고 있다.

전 세계 핸드폰 시장은 전쟁터를 방불케 한다. 분기마다 각 업체의 시장 점유율이 등락을 거듭한다. 전 세계 시장을 호령하던 노키

아나 모토로라도 순식간에 시장에서 사라져 버릴 만큼 속도 경쟁이 극심한 곳이다. 이런 곳에서 신생 업체인 샤오미가 중국에서 애플을 제치고 또 삼성을 제치면서 주목을 받았다. 그러나 중국 내에서도 화웨이나 레노버 등 쟁쟁한 경쟁자들의 경쟁과 견제가 치열하고 후발주자들의 추격도 만만치 않다. 향후 산업의 방향도 어디로 움직일지 모르는 일이다. 그리고 중국 밖에서는 삼성도 이에 대해서 반격을 준비하는 것은 당연하다. 일단 삼성은 세계시장에서 1위라는 위치가 있고, 애플은 그들만의 운영체제와 충성스러운 고객들이 있다.

삼성은 2009년 삼성 스마트폰의 시초라고 할 수 있는 옴니아를 내세워 스마트폰 시장에 진출했다. 그러나 옴니아는 스마트폰으로서는 최악이라는 혹평을 받았고 실적도 저조했었다. 그리고 2010년 안드로이드2.1 운영체제 기반의 갤럭시 S를 출시했다. 삼성은 기존의 제조, 하드웨어 기술에 구글의 안드로이드 소프트웨어 덕분에 최단 시간에 애플 아이폰의 대항마가 될 수 있는 제품을 내놓게 된 것이다. 갤럭시는 옴니아의 오명을 벗어던지고 삼성 스마트폰을 되살려 놓았다. 2011년 출시한 갤럭시 S2는 하드웨어적으로 한 단계 업그레이드되었으며, 2013년까지 4,000만 대가 판매되는 공전의 히트를 기록하였다. 2012년을 기점으로 삼성의 휴대폰 세계시장 점유율은 1위로 올라서게 된다. 2012년 갤럭시 S3 그리고 이후 S4, S5로 제품의 혈통을 이어 오면서 애플에 맞서는 안드로이드 계통의 최상급 스마트폰 단말기로 자리매김하게 된 것이다. 이를 통해 삼성은 일약 스마트폰계의 스타로 떠오르면서 안드로이드라는 소프트웨어의 최대 수혜자가 되었다. 그러나 안드로이드 기반의 스마트폰 경쟁에서 삼성은 새로운 경쟁자들을 만나게 된다. 그중에서도 중국의 샤오미, 화웨이 그리고 레노버 등은 약진을 하고 있다.

최근 삼성전자는 샤오미에 대한 전략으로 가격 경쟁력을 높이기 위해서 모델을 줄이기로 했다고 발표했다. 모델 숫자를 1/3 또는 1/4로 줄여서 대량생산을 통한 가격 경쟁력을 키우겠다는 전략이다. 그리고 중저가 제품 라인을 대대적으로 보완할 예정이라고 한다. 삼성은 베트남에 50억 달러를 투자해서 세계 최대 규모의 핸드폰 생산 공장을 건립했다. 인건비가 싼 베트남에 일괄 생산체제를 통해 제조원가를 낮추어 중국 업체들에게 규모의 경제로 승부하겠다는 것이다.

현재 샤오미 브랜드의 스마트폰 '미(Mi)'의 가격은 삼성전자의 갤럭시 스마트폰의 1/3 정도의 가격으로 팔리고 있다. 그런데 제품에 표시된 사양이나 성능은 별반 차이가 없어 보인다. 두 회사의 가격 전략은 상당히 다르게 보인다. 최종 선택은 소비자가 하게 될 것이다.

한편에서 소비자들은 스마트폰 가격에 대해서 의구심을 가지기 시작했다. 그동안 제조업체가 설정한 가격을 아무런 생각 없이 받아들였지만 저가 스마트폰이 시장에 나오기 시작하면서 100만 원에 가까운 최신 스마트폰에 대해 의문을 갖기 시작했다. 충분히 그럴 수 있는 것이 55인치 TV가 100만 원대에 팔리는데 왜 5인치짜리 스마트폰이 100만 원이나 되는지 이해하기 어려워한다. 샤오미는 제품명세서에 아예 부품의 출처를 밝히고 있다. 그동안 대부분의 업체들이 철저히 비밀에 부쳐 온 것을 고려하면 상당히 이례적인 일이다. 샤오미는 이것은 영업 비밀이 아니라 고객에게 신뢰를 얻는 방법이라고 말한다.

여러 관점에서 현재의 1위와 새로운 도전자를 비교해 볼 수 있는데 가격에 대한 생각은 두 회사가 완연히 다른 것으로 보인다. 삼성은 원가에 이익을 더한 전형적인 원가계산법을 기본으로 고가 전략을 추구한다. 그리고 원가를 줄이기 위해서 안간힘을 쓴다. 그러나 샤오미는 좀 다른 전략이다. 그들은 스마트폰 단말기 가격을 거의 원가 수준으로 유지하면서 최소한의 이익만을 얻으려고 하고 있다. 그리고 그들은 단말기 제조 판매라는 비즈니스 수익 구조가 아닌 새로운 소프트웨어 기반의 비즈니스 모델을 만들어 내고자 한다. 한쪽은 하드웨어 다른 쪽은 소프트웨어 지향적이다. 어느 쪽의 가격 전략이 시장에서 성공할지는 아직 모른다. 최대한의 높은 가격과 이익을 추구하는 현재 1위 기업전략과 고객들을 그들의 전략에 동참시키기 위해서 최저 가격을 추구하는 신규 진입 기업은 적어도 가격 전략 면에서는 서로 반대 방향으로 움직이고 있다.

요즈음 젊은 소비자들은 인터넷을 통한 해외 직접 구매(직구)를 통해서 원하는 제품을 구매한다. 얼리어댑터에 속하는 소비자들은 이제 지역적 차이에 따른 가격 차별화 전략을 인정하지 않는 듯하다. 이런 경향은 기술의 발달로 점점 가속화될 것이다. 그러면 소비자들은 어떤 가격을 선택할 것인가? 기존의 화려한 마케팅으로 유지되던 높은 가격은 급속도로 무너질 것이다. 최근 한국에서는 경영상 궁지에 몰린 팬택이 최신 스마트폰을 35만 원에 내놓았다. 우연의 일치인지는 모르겠지만 샤오미 홍미의 1,999위안(36만 원)과 너무나 유사한 가격이라는 것이다. 소비자들은 이제 스마트폰 하드웨어에 원가 이상의 가격을 낼 의사가 없어질 듯하다. 소비자들은 자기만의 선택 기준을 가져야 한다. 무엇을 구매할 것인가에 대한 명확한 설정이 필요하다. 스마트폰의 기본적인 기능만 본다면 20만 원짜리부터 100만 원짜리까지 별다른 차이점이 없다. 이제는 소비자들의 선택이다. 무엇을 구매하고 얼마를 지급할 것인가 하는 분명한 선택이 필요하다. 브랜드 명품인가 가성비인가? 내 돈을 잘 쓰는 방법은 제품 가격의 결정 원리를 이해하고 내가 지향하는 소비와 방향을 맞추어야 한다. 유형에 휩쓸리는 소비는 결국 나의 지갑만 텅 비게 할 것이다. 항상 무엇을 사는가에 대한 분명한 생각이 필요하다.

2 해외 직구, 소비자의 반란
세그먼테이션과 가격 차별화

미국 블랙 프라이데이 에 국내 소비자들이 잠을 설치고 있다. 이런 기사가 신문 사회, 경제면의 헤드라인을 장식했다. 신문 기사가 될 만한 타이틀이다. 미국의 블랙 프라이데이에 대한 기사가 매년 11월 말이 되면 기사로 나오기는 했지만, 국내 소비자에게는 머나먼 남의 나라 이야기였다. 그런데 국내 소비자들이 밤잠을 설치면서 쇼핑을 한다는 기현상이 발생한 것은 온라인 직구** 때문이다. 관세청 자료에 따르면 해외 온라인 직구가 1,000만 건이 넘어섰다. 직구가 20~30대의 온라인 쇼핑에 익숙한 소비자뿐만 아니라 40~50대의 장년층까지 빠른 속도로 확산되고 있다. 직구 품목은 일반적으로 생각하는 것보다 다양하다. 옷, 패션 액세서리를 뛰어넘어 커피, 건강식품을 비롯한 음

블랙 프라이데이

매년 11월 넷째주 목요일인 미국의 추수감사절 다음 날은 미국의 연중 최대 쇼핑 할인 시즌 블랙 프라이데이로 불린다. 검은색을 의미하는 블랙이 붙은 이유는 연중 '적자(Red Ink)'를 기록하던 회계장부가 이날을 계기로 '흑자(Black Ink)'로 돌아선다는 뜻에서 비롯되었다. 블랙 프라이데이부터 시작된 미국의 할인 시즌은 크리스마스, 연말까지 이어진다. 이 기간에 일어나는 소비는 미국의 연 매출의 20% 정도를 차지할 정도로 대규모 구매가 일어난다. (경향신문 2013년 11월 27일 참조)

174

식품 및 전자제품, 자동차 부품 등 상상을 초월한 품목들도 직구를 통해 한국으로 들어오고 있다. 새로운 소비 트렌드가 생겨나고 있다. 전 세계의 모든 물건을 안방에서 손가락 한번 까딱해서 구매할 수 있는 시대가 되었다.

** **직구**
'해외 직접 구매'의 줄임 말이다. 소비자가 외국의 오픈마켓, 의류 브랜드 등의 사이트에서 제품을 직접 주문해 구매하는 것을 일컫는다.

회사원 A씨는 결혼을 앞두고 있는 예비 신부이다. A씨는 혼수용 전자제품을 준비하기 위해서 국내 백화점과 전자제품 양판점을 돌아보고 한숨이 나왔다. 최근 많이 오른 아파트 전세금을 준비하기 위해서 혼수비용을 최대한 줄이기로 했는데 마음에 드는 제품은 가격이 만만치 않아서 고민이다. 전자제품은 한 번 구매하면 오래 사용하기 때문에 사양이 좀 높은 제품을 사는 것이 좋을 듯하지만 가격 때문에 결정을 못 내리고 있다. 우연히 해외 온라인 직구를 통해서 TV를 산다는 이야기를 전해 듣고 미국의 온라인 사이트를 들어가 보고 깜짝 놀랐다. 제품 사양을 정확하게 비교하기는 어려웠지만, 대략 비슷한 크기의 TV 가격이 미국 온라인 쇼핑몰에서는 절반 정도의 가격밖에 하지 않았다. 국내의 같은 브랜드의 유사한 TV가 엄청나게 낮은 가격으로 미국에서 팔리고 있는 것이다.

A씨는 예비 신랑인 남자 친구에게 TV 사양을 자세히 비교해 보자고 이야기했다. 그런데 남자 친구는 구매 절차도 번거롭고 서비스 문제도 있다고 하면서 썩 반가워하지 않았다. 그런데 미국 사이트의 가격을 보고는 마음을 바꾼 듯하다. 며칠 동안 국내 인터넷 사이트와 해외 인터넷 사이트를 비교해서 제품을 선정하고 최신형 55인치 UHD TV를 구매하기로 결정했다. 특히 요즈음은 배송 대행업

체가 모든 과정을 대행해 주어서 구매 과정이 생각보다 복잡하지 않았다. 결혼은 몇 달이나 남았지만 TV는 이미 도착했다. 인터넷을 뒤지느라 수고는 좀 했지만 100만 원이 넘는 금액을 절약했다. A씨와 남자 친구는 내친김에 다른 전자제품도 온라인 직구로 구매하기로 하고 틈이 날 때마다 온라인 사이트를 방문하고 있다. 인터넷을 찾아보면 청소기, 오디오 등등 구매 후기를 확인할 수 있어서, 분명히 좋은 가격으로 구매할 수 있을 것으로 생각한다.

최근 해외 직구 금액이 1조 원대를 넘어서고 있다. 해외 직구가 많이 편리해져서 이용자가 늘었다는 분석이 있다. 물론 방법이 편리해져서 구매가 늘어난 것도 있지만 다양한 선택을 할 수 있다는 것과 저렴한 가격이 해외 직구가 급속도로 늘어난 주요 원인이었다는 분석이 더 설득력이 있다. 반신반의하던 소비자들이 지구를 반 바퀴 돌아서 온 물건이 국내보다 가격이 더 싼 상황을 인지하게 되고 적극적으로 행동에 나선 것이다.

그동안 정보의 부족으로 국가별 가격 차이를 정확하게 인지하지 못했던 소비자들이 정보를 손쉽게 알게 되었다. 실제로 관세청이 발표한 자료에 따르면 여성 수영복의 경우 국내 판매 가격은 평균적으로 수입 가격의 약 8.44배, 향수는 약 7.98배 수준에서 형성되고 있었다. 또 가죽지갑의 경우, 국내 판매가격은 평균적으로 수입 가격의 약 3.35배 수준에서 형성됐으며, 손목시계는 수입 가격의 약 3.28배 수준에서 팔리고 있다고 발표했다. 실제로 독일 지멘스 전기레인지의 경우 국내에서 240만 원으로 판매되는데 비해 해외직구 구매대행 업체에서는 약 50만 원대에 구매할 수 있다. 삼성

전자 55인치 TV의 경우, 국내에서 240만~280만 원에 판매되는데 비해 미국 블랙 프라이데이 시 116만 원(관세, 부가세 등 포함)에 판매됐다.

그러면 유사한 상품의 판매가격이 해외와 국내에서 왜 이렇게 차이가 나는 것일까?

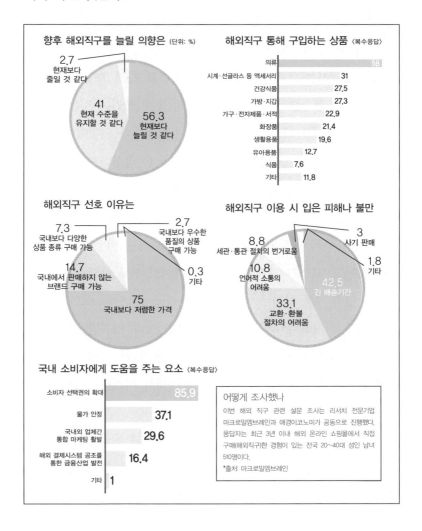

새로운 제품을 시장에 내놓을 때 각 기업의 마케팅 담당자들에게 가장 중요한 과제는 제품의 가격을 어떻게 설정하는가 하는 것이다. 마케팅에서 기본적으로 시장 세분화를 하고 세분화된 시장에 맞추어 가격을 설정하는 것이 통상적인 과정이다. 업체들은 가격 차별화를 통해서 같은 제품으로 최대의 이익을 추구하고자 한다. 같은 제품이라 하더라도 미국과 한국에서 다른 가격을 설정하여 고객 차별화를 통해서 이익을 극대화한다. 특히 많은 종류의 제품을 취급하는 소비재의 경우는 나라별로 가격 지수를 만들어 출시 가격을 설정한다. 한국에서 가격이 높게 팔리는 것은 기업들이 가격을 설정할 때 한국 지수를 높게 설정했다는 것이다. 모 글로벌 소비재 기업의 가격 설정을 보면 한국은 항상 1보다 높은 가격지수를 가지고 있다. 1이 글로벌 기준이 되는 가격이고 미국은 0.85, 일본은 0.9, 한국은 1.2, 중국 1.1 등과 같은 방식으로 산정한다. 그러면 한국에서 가격은 왜 높은가? 마케팅 비용적인 측면도 있을 것이고, 고객의 가격민감도가 낮아서일 수도 있고, 브랜드 인지도나 경쟁 제품 상황 등 여러 가지가 있을 수 있다. 이런 요소들을 소비자가 이해하기에는 너무 힘든 영역이다. 하지만 이제는 국경을 넘어 합리적인 가격을 찾는 소비자가 생겨나고 있기 때문에 기업의 마케팅 담당자들의 가격 설정에 대한 어려움은 점점 커지고 있다.

기업에서 아무리 훌륭한 가격 전략을 세워도 결국 소비자가 그런 가격의 차이를 받아들여야 성립된다. 최근 온라인 해외 직구를 통해서 이런 가격 결정프로세스에 소비자들이 반란을 일으킨 것이다. 가격 차별화의 기본은 소비자가 다른 지역의 가격을 모르거나, 다른 지역의 가격이 일정 부분 저렴하다고 하더라도 구매를 해서 그 제품을 인도 받을 때까지의 비용이 너무 높을 경우 차별화가 성립된다. 예전에는 미국에 여행을 가서 옷 같은 제품은 구매했지만, TV를 구매하지 못한 이유는 물리적인 이동이 제한적이었기 때문이다. 그런데 최근에는 제품의 가격 정보는 인터넷을 통하여 손쉽게 찾을 수 있고, 구매한 물품도 해외 배송 대행을 통해 편안하게 집에서 받을 수 있게 되었다. 가격 차별화의 근본 원칙이 흔들리고 있다. 이런 상황에서 최근 소비자들은 실제로 행동을 통해 다른 지역에서 물건을 구매하여 공간을 이동시키고 있다. 이는 제조업체가 만들어 놓은 가격 기준을 무력화하는 것이다.

이런 현상과 더불어 제조업체와 유통업체 간에는 희비가 엇갈리고 있다. 제조업체는 지역별 가격 설정에 어려움을 겪고 있지만, 유통업체 특히 온라인 유통업체들은 놓칠 수 없는 판매 기회로 활용하고 있다. 유통업체 중에서 국내 유통업체들은 매출이 줄어들까 전전긍긍하고 있는 반면에 일본의 최대 온라인 쇼핑몰인 라쿠텐(http://global.rakuten.com/ko/)은 한국어 사이트까지 만들어 한국 소비자들을 유치하고 있다. 그리고 일부 직구 고객들은 발빠르게 미국을 넘어 중국까지 쇼핑 영역을 확장하고 있다. 중국 쇼핑몰인 '알리익스프레스'와 '타오바오'가 각각 물량 면에서 4위와 9위로 가장 가파른 성장세를 기록하고 있는 직구 사이트로 알려져 있다. 이들 중국 사이트들은 가격이 상대적으로 싸고 운송거리가 짧아 운송 기간과 비용이 적게 드는 장점이 있어 높은 성장률이 예상된다.

일반적으로 제조, 유통업체들의 마케팅에 의해서 유도되는 소비 현상과는 달리 이런 직구 열풍은 소비자들이 주도하고 있다. 직구의 시작은 젊은 엄마들이 분유나 유아용품을 구매하면서 시작되었으며 현재는 유통에 있어서 돌풍의 중심이 되었다. 직구를 하기 위해서는 수입 관세, 운송, 부가세 등 기본적인 지식이 필요한데 소비자들은 커뮤니티를 통해서 서로 경험과 지식을 공유하면서 문제를 해결해 나간다. 이와 같은 기본적인 정보 이외에 소비자들은 해외 사이트의 구매, 세일 정보를 공유함으로써 막강한 구매력을 발휘하고 있다. 국내에도 대형 직구 소비자 커뮤니티는 50만 명이 넘는 회원들이 활동하고 있다. 이제 기업들은 이들의 구매 성향이나 트렌드를 파악하여 마케팅 전략을 세우기도 한다. 소비자들은 직구를 통해서 싼 가격에 원하는 물건을 구할 수 있고, 거시적으로는 수입 물가를 안정화시키고 유통업체의 폭리를 견제할 수 있는 상황에까지 이르렀다.

특히 국산 제품이 한국으로 역수입되는 특이한 현상이 벌어지고 있다. 이렇게 역수입되는 제품은 미국에서 상대적으로 싸게 팔리는 제품에 집중되고 있다. 대형 TV의 경우 미국에서 시즌 할인을 받을 경우 국내 판매 가격의 절반 가격으로 팔리고 있다. 국내 TV메이커는 대책 마련에 골머리를 앓고 있다. 특히 국내 고객들은 국내 판매 제품보다 미국에서 판매하는 제품의 품질이 너 좋다는 선입관까지 가지면서 직구 수요가 폭증하고 있다. 합리적인 가격을 찾아 나선 소비자들의 탐색은 세계 곳곳으로 넓어지고 있다. 독일의 주방용품 판매점의 온라인 쇼핑몰에서 한국 소비자가 가장 많이 구매한다는 사실은 제조업체, 유통업체들에게 긴장을 불러일으키기 충분하다.

부지런하고 새로운 기술에 적응하는 소비자들은 호갱에서 벗어나 유통의 탈국경화를 선도하면서 합리적이고 주도적인 소비자로 거듭나고 있다. 정보통신 기술의 발달로 제조업체나 유통업체가 쥐고 있던 가격 차별화 포인트가 더는 작동을 하지 않는다. 소비자의 행동이 커지면 커질수록 업체들의 지역적 가격 차별화를 통한 이윤 극대화는 어려워질 것이다. 가까운 시일 내에 현대자동차 미국 공장에서 생산한 소나타가 한국으로 배송되는 현상이 벌어질지도 모른다. 55인치 TV를 미국에서 구매해서 한국으로 배달시킬지 아무도 상상을 하지 못했다. 직구 구매자의 현명한 행동이 전체 소비자에게 혜택이 될 수도 있다.

3

작은 사치를 즐기는 주도적인 소비자

디자인과 혁신의 가치

    강남의 주부 P씨는 콧노래를 부르면서 거실 청소를 하고 있다. 요즈음 그녀는 청소가 즐겁다. 항상 속 썩이던 구식 진공청소기를 버리고 최근 신제품을 구매했기 때문이다. 예전에 사용하던 청소기는 시끄럽고, 잘 끌리지도 않고, 보관하기에도 불편한 크기여서 항상 불만이었다. 청소를 하려고 하면 미리부터 스트레스를 받는 듯했다. 얼마 전 백화점에서 쇼핑 중 독특하게 생긴 청소기를 보고 지름신이 발동했다. 청소기로서는 상당히 고가였지만 왠지 이런 청소기라면 언제라도 기분 좋게 청소할 수 있을 것 같았다. 지갑을 열고 이제까지의 스트레스를 날려 버리듯이 시원하게 결제를 했다. 배송되어 올 때까지 이틀 동안 청소기를 학수고대하면서 기다렸다. 그리고 청소기가 배달되자마자 박스를 개봉하고 거실 청소를 시작했다. 그녀의 마음을 잘 아는 듯 예쁘게 생긴 것이 구석구석 조용히 따라다니면서 엄청난 속도로 먼지를 빨아들인다. 청소가 끝난 뒤

그냥 부엌 옆에 세워 두었는데도 잘 어울린다. 치워야지 하면서도 귀찮아서 세워 두었던 눈엣가시 같았던 예전 청소기를 생각하면 새로 산 청소기는 마치 예술 작품처럼 서 있다. 아마도 현대적이고 독특한 디자인이 한몫을 하고 있는 듯하다. 지난번 친구들이 놀러 왔을 때도 부러움을 한껏 받았다. 골칫덩어리 청소기가 자랑거리가 되다니 신기할 따름이다.

소리 소문 없이 시장에 파고들어 매출을 올리고 있는 이 회사, 소형가전 전문 업체인 다이슨(Dyson)이다. 다이슨은 청소기로 널리 알려져 있는데, 다이슨 청소기는 두 가지 특징으로 시장에서 호평을 받고 있다. 먼저 청소기 본연의 기능이다. 다이슨 청소기는 먼지를 빨아들이는 성능은 정말 훌륭하다. 축적된 먼지 흡입 특허와 오래된 사이클론 기술로 청소 성능은 인정을 받고 있다. 다른 청소기 제품들과 달리 먼지 봉투가 없어 먼지가 쌓이더라도 흡입 능력이 저하되지 않고 탁월한 청소 능력을 보장해 준다. 그리고 이런 성능을 뛰어넘어 다이슨을 세계적으로 유명하게 해 준 것은 독특한 디자인이다. 마치 미래의 로봇 같은 디자인

과 투명한 재질의 먼지 통은 다이슨 청소기를 확실히 차별화해 준다. 다이슨의 투명한 먼지 통에 쌓인 먼지는 청소 후 사용자들이 직접 눈으로 확인할 수 있어서 청소의 만족감이 높아진다.

다이슨은 영국 회사로 전 세계에서 사업을 하지만 가전제품 시장에서는 작은

제조업체이다. 생산 거점은 말레이시아에 있고, 주 생산품은 진공 청소기이고, 프리미엄급 소형가전 분야에서 상당한 시장 점유율을 가지고 있다. 다이슨은 산업디자이너이자 엔지니어인 제임스 다이슨(James Dyson)이 1993년에 창업을 했고, 사이클론 기술을 개발하고 적용해서 사업에 큰 성공을 거두었다. 주력 사업은 사이클론 기술을 기반으로 회전하는 것을 만드는 것이다.

다이슨은 청소기가 주력 상품이지만 세탁기를 만든 적도 있었고, 최근 날개 없는 선풍기

다이슨 스토리, 레인캐러더스, 2007, 미래사.

(Dyson Air Multiplier)를 출시하여 또 한 번 혁신적인 제품을 만드는 곳으로 각인되었다. 다이슨의 디자인은 혁신적이지만 '디자인과 기술은 하나다'라는 모토로 엔지니어와 디자이너가 같이 작업을 해서 기능과 디자인을 동시에 제공해 준다.

한편 다이슨의 치명적인 약점은 가격이 비싸다는 것이다. 청소기의 경우 일반 가정용 진공청소기에 비해서 2배가량 비싼 가격에 팔리고 있으며, 고가의 청소기 모델은 백만 원을 훌쩍 넘어간다. 기존의 국내 브랜드의 청소기와 확연히 대조가 된다.

하지만 소비자들은 비싼 가격에도 값을 치르고 다이슨 청소기를 구매한다. 왜 이런 비싼 가격에도 소비자는 돈을 낼까? 단순히 청소하는 도구를 넘어서 디자인과 혁신을 구매한다고 할 수 있다. 통상적으로 중소기업은 디자인이나 기술력에서 떨어진다는 고정관념을 가지고 있지만, 다이슨은 이 부분을 과감히 뛰어넘었다. 특히 디자인과 기술을 핵심 역량으로 선정해 지속적인 투자를 했고 이런 점은 소비자를 유인하기에 충분했다.

불필요한 부가가치보다는 제품의 기본 성능에 집중함으로써 탁월한 핵심 기능과 예술적인 디자인은 충분히 시장에 어필되었고 소비자도 이를 인정 해 주었다. 소비자들은 진공청소기를 사고 마치 명품을 하나 구매한 것처럼 뿌듯해한다.

기술과 디자인이 잘 조화를 이룬 다이슨의 사례 이외에도 소비자들은 디자인 그 자체에도 기꺼이 값을 치른다. 과연 이것이 적당한 가격인가는 소비자가 인지하는 방식에 따라 다르겠지만 중요한 것은 기능적 가치 이상에도 값을 치르기 시작했다는 점이다.

와인을 좋아하는 사람이라면 와인오프너 '안나G(Anna G)'를 대부분 알고 있을 것이다. 여인의 형상을 한 안나G는 이탈리아 디자이너 알렉산드로 멘디니(Alessandro Mendini, 1931~)의 대표작이다. 그는 레오나르도 다빈치의 환생이라는 칭호를 받을 만큼 유명세를 타고 있는 디자이너다. 재미있는 것은 와인오프너 안나G에 있는 여인의 실제 모델이 디자이너 자신 멘디니의 여자 친구이고, 그녀의 춤추는 모습에서 영감을 얻어서 만들었다고 한다. 단순한 와인오프너이지만 디자인을 통한 예술품의 수준에 이르고 있다. 안나G 와인오프너는 와인을 따고 난 이후에도 오프너를 한 번 더 보게 만드는 묘한 매력이 있다. 안나G의 인기만큼 이 와인오프너는 1분에 하나씩 팔린다는 기록을 가지고 있다. 이 상품은 훌륭한 디자인으로 제품의 단순한 기능성 가치를 뛰어넘어서는 호소력을 가지고 있다. 그런 묘한 호소력은 사람들에게 기꺼이 지갑을 열도록 한다. 스토리, 감성과 디자인은 제품의 가치를 완전히 다른 것으로 만들어 줄 수 있다는 것을 보여 준다. 일반적인 와인오프너는 만 원 정도

면 충분히 구매할 수 있지만, 안나G 와인오프너는 열 배나 비싼 십만 원 정도에 판매되고 있다. 소비자들은 치열한 장인 정신의 산물인 디자인에 기꺼이 지갑을 열고 있다.

안나G 와인오프너는 고도의 기술적인 제품이 아니라 그냥 훌륭한 아이디어와 디자인을 가진 창작물이다. 누구나 이런 디자인을 모방해서 쉽게 비슷한 모방품을 만들 수 있다. 그러나 소비자들은 이제 디자이너의 작업을 인정하고, 흔쾌히 고가의 가격에도 지갑을 열기 시작했다. 고객은 감당할 수 있을 만큼의 작은 사치를 기꺼이 즐기는 것이다. 최근 곳곳에서 이러한 현상을 볼 수 있다. 단순히 비슷하게 생긴 싼 것을 찾기보다는 제대로 값을 치르고 작은 만족감을 즐기겠다는 것이다.

이러한 움직임은 가치를 기반으로 한 소비자와 공급자 간의 선순환을 만들어 내고 있다. 고객은 제품의 무형의 가치를 인정해 주고, 공급자는 그것을 기반으로 좀 더 충실한 가치를 창조해 내는 것이다. 소비자가 현명하게 가치를 파악할 수 있을 때 훌륭한 제품을 얻을 수 있다. 이는 단순히 제품의 원가가 얼마인가를 따져서 가장 싸게 구매하는 것이 목적이 아니라, 가장 필요한 가치를 합리적인 가격에 사는 것이 진정 현명한 구매이다. 만 원짜리 와인오프너를 사는 것이 절약하는 것이 아니라 십만 원짜리를 구매하더라도 나에게 만족을 주는 제품을 사는 것이 가장 현명한 구매가 되는 것이다.

4

착한 소비를
실천하는 소비자들
정당한 대가를 지급하는 공정무역

　요즈음 하루를 커피 한 잔으로 시작하는 사람들이 많다. 커피 종류도 캔커피, 인스턴트 믹스커피, 유명 커피프랜차이즈의 원두커피 등으로 다양한 커피를 마신다. 통계를 보면 전 세계에서 하루 22억 잔의 커피가 소비된다고 한다. 종류는 다양하지만 모든 커피는 커피콩으로부터 나온다. 이런 커피의 원재료인 커피콩은 주로 제3세계 개발도상국 농부들의 노력으로 생산된다. 내가 마시는 커피 가격에서 커피콩의 가격은 과연 얼마나 될까를 생각해 본 사람은 많지 않을 것이다.

　커피콩 500g은 산지 가격으로 약 500~600원 정도 한다. 커피콩 500g은 커피를 약 50잔 정도를 만들 수 있다. 커피 한 잔의 가격에서 커피 재배 농민들에게 돌아가는 돈은 10원 정도가 된다. 비싼 커피를 마시는데 정작 커피를 재배하는 사람들에게 돌아가는 몫은 거의 없다. 커피 애호가들이 좋아하는 유명한 에티오피아 커피를 재배하는 농민들은 1년에 72,000원을 번다고 한다. 한 달에 겨우 커피 한잔 값을 벌고 있다.

　우리가 분위기 좋은 커피전문점에서 친구들과 오후를 즐기려고 내는 커피 한 잔 값에는 3세계에서 땀을 흘리고 있는 농부들의 몫은 거의 없다. 그들은 선진국 국민들이 마시는 향기로운 커피 한 잔을 위해서 뙤약볕 아래서 하루 종일 일을 하고 커피 한 잔 값도 벌지 못하는 것이다. 특히 어른들만 일해서는 수입이 적어 생계가 유지되지 않으니, 어린아이들도 커피농장에서 일을 한다. 아프리카 케냐에는 커피 생산에 투입되는 인력의 3분의 1이 아동이라고 한다. 우리는 그렇게 재배된 커피를 아늑하고 쾌적한 커피전문점에서 마시고 있는 것이다. 그러면 우리가 커피를 마시면서 지급한 돈은 다 어디로 갔을까?

　이를 이해하기 위해서는 커피 한 잔을 역추적해 볼 필요가 있다. 제3세계 농민들이 주로 생산하는 커피는 지역 커피 수집업자를 거쳐서 원산지 도매 커피 회사로 넘겨진다. 세계적 규모의 다국적 커피 회사가 지역에서 수집된 커피를 세계 커피 시장에서 거래를 해서, 한국의 커피콩 수입업자들에게 넘겨준다. 국내로 선적된 커피는 지역 커피 회사가 가공하여 유통업자를 거쳐서 커피전문점 또는 소매점으로 판매되고 마침내 우리 손에 쥔 커피 잔으로 들어온다. 그럼 내가 낸 4,500원은 다 어디로 갔을까? 커피전문점 부동산 임대료나 시설 운영비를 제외한다면 대부분은 다국적 기업인 가공업자, 판매업자 그리고 중간 상인이 비용이나 이익으로 가져갔다고 보면 된다. 경제학적으로는 거래비용(Transaction cost)으로 포장되어 정당화된다.

커피 마니아인 A씨는 사진 한 장을 보고 매일 마시는 커피에 회의가 들었다. 사진 속에는 살이라고는 찾아볼 수 없는 앙상한 어린아이가 커피콩을 이고 먼지가 날려 앞이 안 보이는 길을 걸어오고 있었다. 그 어린아이는 서 있기도 힘들어 보이는 몸인데 커다란 커피 바구니를 머리에 이고 있었다. 지친 얼굴에는 아무런 표정을 찾아볼 수 없었다. 저렇게 수확한 커피콩이 내 앞의 커피 잔에 들어 있다고 생각하니 커피가 갑자기 쓰게 느껴졌다. 빈곤과 착취의 산물을 매일 편안하게 즐기고 있는 것이라 생각하니 마음이 무거웠다. 좋은 취미라고 생각해서 커피를 배우고 다양한 커피를 찾느라 에티오피아 예가체프 커피, 수마트라 코피루왁 사향 커피, 하와이안 코나 등을 찾아 마시던 A씨가 죄책감을 지울 수가 없었다. 그리고 매일 오르는 커피값에도 너무 화가 났다. 이 커피는 먹지 않아도 살아가는데 전혀 문제가 없는 기호식품인데, 저런 방식으로 생산된 커피를 마셔야 하는지 회의가 들었다. 왜 꼭 커피는 제3세계에서 저렇게 밖에 생산되지 않는지 궁금했다.

커피를 포기할 수도 없고 그냥 마시자니 죄책감이 드는 A씨는 해답은 없을까 많은 고민을 했다. 사실 많은 사람들이 A씨와 같은 딜레마를 겪고 있다. 완벽한 해결책은 아니지만 A씨는 제대로 생산된 커피를 찾기 시작했다. 최근 많은 사람들이 관심을 두고 있는 공정무역 커피를 소개받았다.

공정무역이란 국가 간에 공정하게 거래가 이루어지는 무역을 의미하지만, 주로 가난한 저개발 국가에서 선진국으로 상품을 수출할 때 거대 다국적 기업들이 폭리를 취하지 못하도록 하고, 일정한 가격을 생산자에게 지급하도록 해서 가난한 나라가 스스로 발전하도록 지원하는 방법이다. 복잡한 유통 단계를 최대한 줄여서 생산자로부터 직수입하여 가공하고, 소비자에게 직접 판매하는 방법을 취한다. 그러면 중간에서 유통비용, 거래비용으로 이득을 취하는 다국적 기업들을 배제하고 소비자가 지급하는 커피콩 값을 최대한 생산자, 즉 농민에게 돌려주는 것이다. 이를 통하여 가난한 농민 생산자들은 시장에서 정당한 몫을 받고 자립할 수 있는 기회가 제공된다. 선진국들이 저개발 국가에 많은 원조를 하지만 공정무역은 원조가 아니라, 정당한 값을 쳐 주고 상품을 구매하고자 하는 취지이다. 재화가 거래되는 과정에서 자본을 통한 이익을 최소화하려는 구조이다.

농수산물을 직거래해서 건강한 농수산물을 적절한 가격에 구매하고 농민들이 적당한 보상을 받게 해 주는 것과 유사한 방식이다. 단지 공정무역은 국내에서 일어나는 것이 아니라 선진국과 저개발 국가 간에 일어나는 것이다. 또 다른 공정무역의 장점은 제품의 신뢰와 투명성이 확보될 수 있다. 재배 농민들은 급격한 가격 변동으로부터 보호되고, 최저가를 보장해 주어 수입이 안정적으로 유지되니 양질의 커피를 생산할 수 있다. 가격에 따라서 유기농 커피도 재배가 가능하다. 유기농 재배는 농약 사용을 배제하고, GMO* 커피 재배를 피할 수 있어서 궁극적으로 환경보호에도 일조하게 된다.

공정무역을 통한 수입 중의 일부는 학교를 짓거나, 우물을 만드는 등 생활환경 개선에도 투자가 된다. 이런 활동은 원조와는 성격이 다른 사회적 지원 기능을 가지고 빈곤 퇴치에 기여하게 된다. 일부는 생산자 협동조합을 조직하여 시장 정보, 재배 기술, 신용 사업 등을 제공한다.

　A씨는 공정무역을 통한 커피를 소비하면서 최소한의 죄책감은 지울 수 있었다. 그런데 어느 날 소위 별다방에서 커피에 공정무역 마크가 찍힌 것을 발견했다.

　이렇게 호화스러운 커피전문점에 공정무역을 통한 커피가 팔리고 있다니 조화가 잘 이루어지지 않았다. 별다방은 공정무역 커피를 취급한 지 꽤 오래되었다고 한다. 그러고 보니 요즈음 어딜 가나 공정무역 커피를 볼 수 있다. 심지어 맥도널드, 던킨도너츠 등등에서도 공정무역 커피 광고가 널려 있다. 이들 광고를 하는 모든 업체가 진정 공정무역을 지원한다는 말인가? 오히려 거부감이 들기 시작했다. A씨는 이들 업체들이 공정무역을 매출 향상을 위한 최신 마케팅 기법으로 사용하고 있는 것이 아닌가 의심이 됐다. 기업들은 조그마한 틈만 나면 비집고 들어오고, 이익이 있는 곳이라면 어디든지 나타난다. 자본의 속성이라는 것은 참으로 무서운 것이라는 생각이 들었다. 그런데 이들 대형 업체들이 판매하는 공정무역 커피는 결코 가격이 싸지도 않는데 과연 얼마의 금액이 지구 반대편의 3세계 농민 생산자에게 돌아가고 있는가 하는 의심을 지울 수가

유전자변형생물체(GMO: genetically modified organism)

특정 생물로부터 유용한 유전자를 취해 이를 기존의 생물체에 도입함으로써 그 유전자 기능을 발휘하도록 조작한 생물체를 말한다. 일반적으로 농산물에 특정 유전자를 도입시킨 후 이를 가공하여 식품의 형태로 인간이 섭취하기 때문에 유전자조작식품(genetically modified food: GMF)으로 통용된다. 유전자조작식품이란 유전자재조합기술을 이용하여 인위적으로 유전형질이 변형된 농·축·수산물 중 그 안전성이 확인되어 식품과 식품첨가물로 이용될 수 있는 식품을 말한다. (식품과학기술대사전, 2008.4.10, 광일문화사)

없다. 이런 모든 것을 생각해야 되는 정말 피곤한 세상이다.

한국에서는 아름다운 가게의 공정무역 사업처가 운영하는 '아름다운 커피'가 2002년 시작하여 10년 이상 공정무역 커피를 공급하고 있다. 아름다운 커피는 출범 후 10여 년 동안 1,823만 잔이 넘는 공정무역 커피를 국내에 공급했다. 단순히 기업의 새로운 마케팅 수단이 아니라 장기적인 관점에서 생산자와 소비자를 이어주는 역할을 하고자 한다.

아름다운 커피 보도자료, 공정무역운동 10년, 2012년 10월,

어떤 제품에는 가격을 넘어선 가치가 있다. 그 가치는 상품의 사용 가치에 의미를 더해 새로운 가치를 창출한다. 조금 더 내고 작은 기여라도 할 수 있다면 이는 소비자에게 심리적으로 더 많은 가치를 전달한다. 싼 것을 찾아야만 한다는 강박관념에서 벗어나 낼 수 있는 범위에서 조금만 더 낸다면 오히려 느낄 수 있는 상품의 가치는 배가 될 것이다.

가끔씩은 가격표에 쓰인 가격보다는 물건에 담긴 의미를 보는 지혜를 발휘해 보면 삶이 풍요로워질 수 있다. 경제적 풍요도 결국 전체적인 삶을 풍요롭게 하기 위한 일부분이다. 의미 있는 소비를 하는 것이 삶의 전체적인 관점에서 더 많은 이익이 될 수 있다. 기업의 현란한 광고에서 구매 동기를 찾기보다는 주도적인 가치 선정과 선택이 진정 도움이 되는 소비가 될 것이다.

5

합리적인 인간 vs 귀차니즘

현상유지 편향

　경제학은 일상에서 접할 수 있는 여러 사건들에 대해서 어떻게 하면 합리적인 의사결정을 내릴 수 있는지에 대한 판단의 근거를 제공하는 학문이다.* 경제학에서는 인간은 합리적으로 행동한다고 본다. 경제학은 가정을 전제로 하는 학문인데, 그중에서도 인간은 항상 합리적인 판단을 한다고 가정한다. 기존 경제이론에서는 인간을 합리적인 인간 '호모 이코노미쿠스'로 본다. 경제학의 아버지라고 불리는 애덤 스미스(Adam Smith, 1723~1790)의 『국부론』에서 '보이지 않는 손'이 경제활동의 기본으로 보았다. 매도자는 자신이 갖고 있는 상품을 팔아 가장 큰 이득을 남기려고 하고, 매수자는 상품을 가능한 싸게 사려고 한다. 공급자와 수요자 모두 자신의 이익을 위해서 합리적인 행동을 하고, 이런 양쪽의 행동으로 모두의 이익을 얻는다고 보았다.** 그러나 이런 합리성에 대한 가정에 의심을 제기하여 발전한 분야가 행

　* 경제학을 입다/먹다/짓다, 박정호, 한빛비즈, 2015.

　** 세상을 바꾼 경제학, 야자와 사이언스 연구소, 김영사, 2013, p. 171.

동경제학이다. 우리는 항상 합리적인 의사결정을 하는가? 항상 합리적인 결정을 성공적으로 한다면 사람들은 일상을 살아가는 데 고민이 없어질 것이다. 그렇지만 인간이 전지전능한 신이 아닌데 항상 합리적인 판단만을 할 수는 없다. 그렇다면 경제학의 기본 가정은 잘못된 것인가?

중국집에 가서 짜장면과 짬뽕을 선택할 때 우리는 고민한다. 그리고 많은 변수를 고려해서 선택한다. 짜장면 가격이 좀 더 싸고 내가 좋아하더라도 일행 모두가 짬뽕을 시킨다면 나는 사실 짜장면을 시키려는 마음은 있어도 짬뽕을 시키곤 한다. 이런 결정은 전통 경제학에서 말하는 합리성 하고는 거리가 멀다. 이렇게 다른 사람의 영향을 받는 것 말고도 합리적이지 않은 선택의 사례는 얼마든지 있다. 쇼핑을 하거나 인터넷 검색을 하다가 지름신이 왕림하여 충동구매를 한 적은 없는가? 합리적인 인간이 왜 금방 후회할 결정을 내리는 과정을 기존 경제학은 설명할 수가 없다. 합리적이라는 가정이 무너지는 순간 모든 것이 뒤죽박죽이 된다.

기존 경제학의 가정 자체에 오류가 숨어 있다 보니 경제학이 설명하지 못하는 현상이 너무나 많이 있었다. 그래서 인간이 정보를 처리하는 과정을 구조적으로 연구하는 인지심리학과 경제학 원리를 접목하게 되었다. 초창기에는 이런 접근을 경제학자들은 엄청나게 비판적으로 보았고, 배척했다. 기존 이론적 기반을 흔들기 시작한 것이니 당연한 반응이었다. 그러나 1978년 노벨 경제학상을 수상한 허버트 사이먼(Herbert Simon)이 '제한된 합리성(bounded rationality)'을 발표하면서 인간과 경제학에 관한 본격적인 연구가 시작되었다. 사이먼의 주장은, 인간은 항상 합리적인 것이 아니라 감정을 가지고 좋아하는 선택을 할 뿐이라는 주장이다. 그리고 2002년 카너먼(Daniel Kahneman)과 트버스키(Amos Tversky)가 심리학자로서 노벨 경제학상을 받으면서 행동경제학은 마침내 경제학의 한 영역으로 인정되기 시작했다.

행동경제학에 관련된 수많은 논문과 연구가 있지만 가장 흥미를 끄는 것은, 인간은 정보처리 능력이 부족하다고 보는 관점이다. 정보처리 능력이 부족하다 보니 당연히 최선의 합리적인 선택을 할 수 없다. 그러나 사람들은 그동안의 경험이나 주어진 정보로 절대적인 합리는 아니지만 가장 최선의 의사결정을 한다. 그리고 최선의 결정을 했다고 믿는다. 그렇지만 결과는 항상 합리적이지는 않다. 그들이 가진 경험이나 정보가 이미 편향(Bias)을 가지고 선택을 했기 때문이다.

예전의 '내가 해 봐서 아는데'라는 말이 유행한 적이 있다. 이런 자신의 경험을 기준으로 판단하는 것은 지극히 편향적인 판단을 가져 올 수 있다. 해 보았다는 것은 현재 판단과 아무런 상관관계가 없을 수 있기 때문이고, 과거의 경험이 우연이나 특수한 경우일 수도 있기 때문이다. 예를 들어, A라는 대형마트에서 닭고기를 비교적 싼 값에 구매했다고 해서, 그 A마트의 돼지고기도 쌀 것이라고 기대하는 것은 분명한 편향이 될 수 있다. 그러나 우리는 일반적으로 그렇게 믿는다. 이것은 합리성과는 거리가 있다. 물론 경험은 중요하지만 그 경험이 절대적인 합리적 판단 기준이 될 수는 없다.

수많은 행동경제학을 연구하는 학자들이 실행한 실험들은 상당히 흥미로운 결과를 나타냈다. 실험들을 통해 소비를 하는 데 있어서 합리적 판단을 저해하는 요인들이 속속 밝혀졌다. 그중에서 대표적인 것이 귀차니즘이다. 합리적인 판단을 위해서는 가용한 모든 정보를 이용하여 논리적인 분석을 해야만 합리적이라는 결과를 얻을 수 있다. 그런데 사람들은 이런 과정에 에너지를 소비하기를 본능적으로 극도로 싫어한다.

패밀리 레스토랑의 메뉴판을 기억해 보면, 첫 페이지에 나오는 것이 세트 메뉴이다. 사실 세트 메뉴의 매출이 가장 많다. 레스토랑에 오는 손님들이 세트 메뉴를 가장 많이 이용하는 이유는 특별한 혜택이 있어서라기보다는 메뉴를 하나씩 비교하기보다는 남들이 많이 선택했다고 하는 추천 또는 베스트라는 문구를 보고 선택을 하는 것이다. 실제 비교를 잘 해 보면 세트 메뉴의 혜택은 크지 않다. 세트 메뉴는 주로 레스토랑 입장에서 팔고 싶은 메뉴를 선정한 것이다. 보통 3가지 메뉴로 구성된 세트는 메뉴 2개를 합친 금액보다 조금 더 비싸고, 세 개를 합친 금액보다 조금 싼 금액이다. 세 번째 메뉴의 원가보다는 더 비싼 금액이니 2개보다는 3개를 파는 것이 더 이익이 나는 구조이다. 그리고 업주 입장에서는 세트 메뉴는 다른 레스토랑의 가격과 비교하기 힘들다는 장점도 가지고 있다. 이러한 업체의 속내와는 상관없이 사람들은 메뉴판 첫 페이지에 나오는 추천 메뉴에 최종 결정을 내리고 만다. 앞으로 뒤로 페이지를 넘겨 보아도 쉽게 선택하기 힘들기 때문이다.

또 다른 예로, 대형마트에서의 쇼핑을 생각해 볼 수 있다. 쇼핑을 나온 사람들은 익숙한 동선을 따라서 쇼핑을 한다. 그리고 익숙한 브랜드의 상품을 집어 든다. 사실 매장의 물품은 자주 바뀌고 가격이나 묶음 단위도 항상 새롭게 진열된다. 그러나 구매자들은 이를 충분히 비교하고 싶어 하지 않는다. 습관에 따라서 이동하고 익숙한 물건을 집어 든다. 항상 가던 대형마트의 진열대가 완전히 새롭게 바뀌어 있다면 어떨까? 고객들은 일단 짜증스러운 마음이 들 것이다. 물건을 찾는데 더 많은 에너지를 소비해야 되기 때문이다. 이렇게 사람들은 최대한 합리적이기 위해서 노력을 하기보다는 익숙하게 편하게 행동하려는 경향이 있다.

　일반 소비자들은 그들이 익숙한 대로 행동을 한다. 그래서 기업들은 소비자들의 익숙함을 파고들려고 노력한다. 사실 엄청난 돈을 들여 브랜드를 홍보하는 것도 비슷한 논리이다. 일단 브랜드가 사람들의 머릿속에 자리를 잡고 있으면 판매를 쉽게 할 수 있다. 구매자들은 새로운 브랜드를 탐색하기보다는 익숙한 브랜드를 선택하기 때문이다. 여기서 중요한 것은 기업들은 이미 행동경제학의 실험과 연구를 받아들여 소비자들의 비합리성을 인지하고 전략을 세우고 소비자에게 접근을 한다. 소비자들의 합리성뿐만 아니라 비합리적인 부분을 동시에 고려하여 전략을 세운다. 행동경제학의 발전이 소비자에게 이득이 되기보다는 기업들에게 소비자들을 조종할 수 있는 좋은 방법을 알려 주고 있다. 물론 이런 방법으로 기업들은 엄청난 이익을 창출하고 있다.

　소비자의 입장에서는 무방비 상태로 공략을 받는 것이다. 그리고 소비자들을 그들의 방식으로 익숙하게 만든다. 일단 소비자들이 익숙해지면 다양한 방법으로 수익을 추구할 수 있다. 더구나 일반적인 소비자들은 익숙한 상황에서 벗어나기를 꺼려하는 습성을 가지고 있고, 그 상황이 유지되기를 바라는 성향을 가지고 있다. 이를 경제학에서는 현상유지 편향(Status quo bias) 이라고 한다. 다른 선택들이 조금 더 좋은 조건을 제공하더라도 소비자들은 움직이지 않는다. 경제학적 선택뿐만 아니라 실생활에서도 비슷한 상황이 발생

36.5℃ 인간의 경제학, 이준구.
알에치코리아, 2015년, p. 129.

한다. 같은 동네에서 출퇴근하는 A와 B는 서로 다른 방법과 길로 출퇴근을 한다. A가 B보다 좀 더 빠른 길로 다닌다고 해서 B가 A의 경로로 잘 바꾸지 않는다. 바꾸는 것이 귀찮기 때문이다.

나는 항상 A마트와 X브랜드만 산다는 생각을 버리지 않는다면 결코 합리적인 선택을 할 수가 없다. 그런 편향성이 머릿속에 있다면 우리는 이미 기업이 쳐 놓은 덫에 익숙해진 것이다. 그러면 이런 익숙함이 무엇이 잘못된 것인가? '잡은 고기에게는 먹이를 주지 않는다'라는 말이 있다. 이는 기업의 경우에도 해당된다. 항상 우리 제품을 사 주는 고객은 고맙게 생각할지는 몰라도, 새로운 혜택을 줄 필요는 없다. 새로운 고객을 끌어들이기 위해서 최선을 다하는 것이 수익을 증대하는 지름길이다. 지금 사용하고 있는 전화 회사나 백화점에서 감사 전화를 하는 전화를 받은 적이 있는가? 별로 없을 것이다. 이미 우리는 그쪽 고객이다. 그들은 기존 고객이 아니라 새로운 고객이 필요하다. 오늘 당장 새로운 시도를 하지 않는다면 이미 우리는 잡힌 고객이다. 귀차니즘을 벗어나 새로운 시도를 꾸준히 해야만 충분한 혜택을 누릴 수 있을 것이다.

6

학생도 소비자다

주객이 전도된 공급자 중심의 시장

서울 지역 대학에 다니는 학생 K군은 얼마 전 신문에 난 기사를 보고 마음이 착잡했다. 커다란 신문 한 면을 장식한 '취업전쟁 보고서'라는 기획 기사에 어느 학생의 인터뷰가 실렸다. "학점 3.5에 텝스 900, 토플 112, 토스 8, 책을 쓴 경험이 있고, 6개월 배낭여행 경험이 있다. 10군데 정도 입사 서류를 내서 모두 탈락했다."(서울대 사회학과 2014년 2월 졸업생) 그리고 이와 비슷한 다른 학생의 사례가 인터뷰 형식으로 실린 기사였다. K군은 서울 지역 대학에 다니고 있지만 서울대 졸업생도 취업을 못하고 있는 상황이라니 취업을 생각하면 걱정이 이만저만이 아니다. 문득 화제가 되었던 기사가 떠올랐다.

연세대 졸업식을 취재한 기자가 올린 사진 한 장이었다. 연세대 졸업식에 걸린 현수막 사진이었는데, "연대 나오면 모하냐… 백순데…", "백수 길에 접어든 선배님 졸업을 축하드립니다."라는 현수막이 큼지막한 사진으로 실렸다. 어떤 사람은 웃었겠지만 K군같이 졸업을 앞둔 학생들한테는 절절한 목소리로 들린다. 2014년을 기준으로 보면 전국 4년제 대학 졸업생 2명 중 1명은 취업을 못 한다는 통계가 있다. 인문계열 졸업생 90%가 논다는 '인구론'이라는 신조어가 회자될 만큼 취업이 심각한 문제이다.

K군도 정말 답답한 심정이다. 아직 졸업은 1년여 남았지만 걱정이 앞선다. K군의 부모님은 넉넉하지 않은 형편에도 K군을 서울에 있는 대학에 보내기 위해서 강남으로 이사를 하고 중·고등학교 시절 엄청난 학원비를 지출했다. 부모님은 항상 서울에서 대학을 다니는 K군을 자랑스러워했지만 K군은 엄청난 중압감을 느끼고 있다. 졸업하자마자 취업을 해서 부모님 부담을 덜어 드리고 싶은데 주변의 선배들을 보면 두려움이 앞선다. 사실 주변의 친구, 선후배들을 보면 중·고등학교 시절에 학원에서 살다시피 해서 대학을 들어온 학생들이 대부분이었다. 전국의 사교육비가 20조 원이 쓰인다고 하는데 남의 이야기가 아니라 다들 엄청난 투자를 하고 대학생이 되었다.

그런데 그렇게 많은 돈을 쓰고 대학에 들어와서 또 4년을 엄청나게 비싼 등록금을 내고 다녔는데 막상 실업자가 될 처지에 놓였다. 한때는 반값 등록금을 요구하면서 시위도 해 보았지만, 등록금은 요지부동이었다. 우리나라 대학 등록금이 OECD 국가 중에서 미국 다음으로 비싸다고 하는데 사실 이런 대학을 왜 다니는지 모르겠다. 영어 공부와 스펙을 쌓느라고 전공수업 중에는 대충 학점만 받기 위해서 수강한 과목도 많고, 흥미가 없어도 학점 잘 주는 과목을 골라 들은 것도 많다. 별로 도움도 되지 않지만 학점 관리를 위해 이런 강의를 수강해야 한다. 그리고 사정이 비슷한 학생들과 치열한 수강신청 경쟁을 해야 한다. 비싼 등록금만 날린다는 생각을 지울 수가 없었다. 친구들은 대학교를 다니지 말고, 학원비와 등록금으로 장사를 했더라면 실업자는 안 되었을 거라고 농담을 한다. 정말 들인 돈이 아깝다.

그래도 K군이 대학을 다니면서 정말 잘했다고 생각하는 것이 있다. 작년에 일본의 한 지방대학에 교환학생으로 다녀온 것이다. 많은 학생들이 미국이나 호주 등 영어권으로 교환학생을 가려고 했는데, K군은 경제적 형편을 생각해 일본 아키타(Akita, 秋田)로 교환학생 프로그램을 다녀왔다. 사실 교환학생이라는 스펙도 필요했고, 비교적 저렴해서 선택한 학교였다. 솔직히 도쿄나 오사카는 들어보았지만 아키타는 어디 있는지도 몰랐다. 인터넷을 찾아보니 도쿄에서 신칸센으로 3시간 정도 떨어진 도호쿠 지방(東北地方) 도시이고, 쌀과 술의 고장으로 유명하다고 했다. 한국에서는 드라마 촬영지와 온천 여행지로 알려져 있다. 어쨌든 별로 기대를 하지 않았고, 단지 영어로 모든 수업을 진행하고 저렴한 비용 때문에 선택했다. 부모님들은 별로 좋아하지 않으셨지만, 교환학생 간다고 또 엄청난 부담을 드리고 싶지 않았다.

아키타 국제교양대학교(AKITA International University)는 일본에서 동경대, 와세다대 그리고 게이오대 등 명문 대학교들을 제치고 기업들이 선정한 신입사원 선호도 1위, 4년 연속 취업률 100%라는 기사를 보았다. 하지만 그냥 광고 문구라고 생각을 했다. 그러나 막상 아키타 국제대학교에 도착하여 1년 동안 교환학생 생활을 시작하면서 놀라움을 금할 수가 없었다. 일단 이 대학은 전공학과가 없고 하나의 전공, 국제교양학부로만 되어 있었다. 한국의 복잡한 학과 시스템에 익숙한 K군은 도저히 이해를 할 수 없었다. 그리고 수업에 들어가면 20명 정도 학생이 같이 수업을 들었다. 한국에서는 좀 인기 있는 강의는 대형 강의실에서 수백 명이 동시에 듣는데, 이 대학은 마치 그룹 스터디하는 분위기였다. 학생 수가 얼마 되지 않는데도 K군처럼 외국에서 온 학생들이 많아 조그마한 캠퍼스 어딜 가나 외국 학생들을 만날 수가 있었다. K군이 교환학생으로 온 것처럼 아키타 대학의 학생들은 무조건 졸업 전에 1년간 외국으로 교환학생을 가야 한다고 한다. 참 독특한 학교라는 생각이 들었다.

시간이 지날수록 이 학교는 한국의 대학과는 전혀 다른 점을 발견할 수 있었다. 이 학교의 도서관은 365일 24시간 개방되어 있었다. 어느 날 같이 수업을 듣는 일본 학생에게 물어보니 학생들이 요청을 해서 도서관은 24시간 열려 있다고 했다. 학생들에겐 참 좋은 시스템이다. 최소한 시험 공부하다가 쫓겨날 일은 없으니 얼마나 좋은가. 모든 것이 학생 위주로 운영되고 있다는 느낌이었다.

K군이 새로운 학교생활에 익숙해질 때쯤 충격적인 일을 알았다. 어느 날 게시판을 보니 교수 채용 면접을 하는데 참여할 학생 명단이 붙어 있었다. 교수 채용을 하는데 학생들이 면접에 참여한다는 것이다. 한국에서 교수 채용 과정에 갖가지 잡음을 들어온 터라 더더욱 충격으로 와 닿았다. 생각해 보면 학생들을 가르칠 교수를 채용하는 데 학생이 의견을 내는 것이 이상할 것도 없는데 K군에게

는 너무나 생소했다. 학생들이 좋아하고 실력 있는 교수를 선택하는 것이 당연한 것이 아닌가?

K군은 1년이 너무나 짧게 느껴졌다. 정말 이 학교에 계속 다니고 싶어졌다. 비록 이름난 명문대학은 아니지만 완벽한 학교생활을 만끽했다. 이 학교는 학생을 위한 학교이다. 모든 것은 학생을 중심으로 운영되고 학생들의 목소리는 가장 중요하게 다루어진다. 한국으로 돌아오기 전에 아키타 대학 총장님의 신문 인터뷰를 보았다. "학생이 없으면 대학은 존재하지 않아요.", "스스로 사고하고 선택할 수 있도록 그 힘을 길러 주는 것이 목표이지 취업이 목적은 아니다."라는 이야기가 실려 있었다. 근엄한 총장님의 훈계나 체면치레가 아니라 실제 실천하고 있는 내용을 말하고 있었다.

한국 대학으로 돌아와서 자꾸만 비교를 하게 되어 안타깝다. 엄청나게 넓은 캠퍼스와 많은 시설들이 있지만 내가 편리하게 사용할 시설도 없고, 누구도 나에게 관심을 가지는 사람도 없다. 여기는 내가 낸 등록금으로 운영되는데 모든 것은 교수님이나 직원들을 위한 것처럼 보인다.

내가 낸 그 비싼 등록금은 다 어디로 간 것인가? 예전에는 대충 학교를 다니고 대학 졸업장을 받으면 그것으로 취업을 할 수 있었다. 그리고 죽을 때까지 어느 대학 졸업을 했다고 할 수 있었으니, 납부한 등록금은 졸업장 가치로 생각할 수 있었다. 지금은 그 졸업장으로 취업을 하기가 너무 힘들다. 대학 졸업장의 가치가 완전히 바뀌었다. 무엇 때문에 그 비싼 등록금을 내는지 모르겠다. 기업은 학생들이 학교에서 졸업할 때 제대로 교육이 되어 있지 않았다고 불평이 많고, 학생들은 제대로 된 교육 서비스를 받지 못한다고 불평하는데, 이건 문제가 있다. 내가 낸 등록금은 어디론가 증발한 것이다.

분명 등록금이라는 돈을 내면 학생이나 학부모가 대학교육의 소비자이다. 그런데 비용을 지급한 소비자가 얻는 것이 없는 이상한 거래가 이루어지고 있다. 돈은 냈는데 불량한 서비스를 해 주고, 결국 불량제품을 만들어 내는 것과 같다. 무엇인가 바뀌어야 한다. 초등학교, 중학교, 고등학교를 거치면서 엄청난 비용과 노력을 들여서 입학한 학교에 수천만 원의 등록금을 내고, 4년이라는 귀중한 시간 기회비용을 들였는데 얻는 게 없다. 그런데도 아무도 불평하지 않는다. 그리고 지금도 그곳에 입학하려고 전국적으로 20조 원이라는 사교육비를 쏟아붓고 있다. 너무나 심한 공급자 중심의 시장 구조를 가지고 있다. 교육을 시장 논리로 이야기한다고 반론이 있겠지만 엄연히 비용을 지급하는 경제활동의 한 영역이다.

대학은 학생들을 진정한 고객으로 대하고 어떻게 하면 양질의 서비스를 제공할 것인가를 고민해야 향후 10년, 20년간 살아남을 수 있을 것이다. 미래학자인 피터 드러커가 앞으로 30년 뒤면 대학이 사라질 것이라고 했다. 변혁하지 않는 대학 교육기관은 사라질 것이다.

최근 IT기술의 발달로 교육과정을 개방하는 개방대학(open university)과 개방과정(OCW: Open Course Ware)이 활발하게 진행되고 있다. 특히 세계적으로 선도하고 있는 칸아카데미(Khan academy)*는 2,100만 명의 학생을 거느리고 있다. 더욱이 전 세계 모든 사람에게 '세계 수준의 교육'을 무료로 제공한다는 미션을 가진 칸아카데미는 수강료가 무료이다. 칸아카데미 외에도 대표적인 온라인 강의인 'MOOC(무크; Massive Open Online Course)'도 최근 인기를 끌고 있다. 무크(MOOC)는 수강자 수의 제한이 없는 대규모 강의로(Massive), 별도 수업료 없이(Open), 인터넷(Online)으로 제공되는 교육과정(Course)을 말한다. 하버드·MIT·스탠퍼드 등 세계 유수 대학의 강의를 원하는 시간에, 어디서나 듣는다는 장점 덕에 인기를 끌고 있다.** 이러한 교육에 새로운 접근은 많은 변화를 몰고 올 것이다. 대학이라는 거대한 캠퍼스와 하드웨어가 아니라 교육 내용이라는 소프트웨어로 변혁될 것이다.

* 2008년 비영리 교육 동영상 사이트인 칸아카데미(www.khanacademy.org)를 개설한 칸아카데미 살만 칸(Salman Khan) 원장은 MIT에서 수학·컴퓨터공학 등 학위 3개, 하버드 경영대학원에서 MBA를 취득한 보스턴의 헤지펀드 분석가다. 칸아카데미는 지금은 40개 언어로 번역된 동영상이 5,000개가 넘고 강의 대부분은 수학, 과학, 기술 관련 강의이다. 일반 교양 관련 강의도 있는데, 이런 강의들은 NASA, MoMa, MIT+K12 등 파트너 기관에서 제공한다.

** [미래교육혁명] 집에서 하버드, MIT 대학 강좌 듣는 시대브레인 Vol.55. http://www.brainmedia.co.kr/brainWorldMedia/ContentView.aspx?contIdx=17363

단기적으로 교육 소비자인 학생과 학부모들은 비용을 지급하는 소비 주체로서 당당히 권리를 요구해야 한다. 비용을 들여 구매하고자 했던 재화가 단순히 졸업장이 아니었다면 이제는 무엇을 원하는지 목소리를 높여야 한다. 비용을 지급하는 사람은 가격에 해당하는 가치를 요구해야 한다. 대학의 주인은 비용을 지급하는 학생이다. 아울러 졸업장의 가치가 하락하고 있다면 교육에 대한 대안적인 방법을 찾는 것도 방법이다. 이미 해외뿐만 아니라 국내에서도 많은 새로운 시도가 이루어지고 있다. 우리나라의 한국교육학

술정보원에서 국내 개방과정(OCW)을 총괄하는 대표 사이트로 운영 중인 KOCW(Korea Open Course Ware): www.kocw.net는 2015년도에 국내 대학 강의 9,409건, 국내 및 해외 강의자료 23만 5,000여 건을 달성했다고 발표했다. 소비자가 합리적이고 현명해지면 공급자는 당연히 변화와 새로운 방법을 추구하게 되어 있다. 경제학의 기본 원리이기도 하다.

가치기반 생산과 소비, 새로운 가치 창출,
윤리적인 소비가 가능한 합리적 시장 구조

Win-Win 하는
공급자와 소비자

1 라이프스타일을 사는 소비자들

할리 데이비슨, 함께 만들고 지급하는 공유의 가치

중견기업 임원인 L씨는 주말이면 색다른 차림으로 집을 나선다. 50대 초반의 친구들은 주로 선명한 원색의 옷차림으로 주말 등산을 나서지만, L씨는 가죽점퍼에 두건을 쓰고 목걸이까지 하고 집을 나선다. 아파트 엘리베이터에서 누구라도 만나면 힐끔힐끔 쳐다보지만 L씨는 개의치 않는다. 최근 시작한 오토바이 타기에 푹 빠졌기 때문이다. 조금이라도 일찍 알았더라면 하는 아쉬운 마음이 한가득이다. 오늘도 둥둥거리는 오토바이 소리와 함께 바람을 가르고 달릴 생각에 마음은 소풍가는 듯이 들떠 있다.

언젠가는 한번 타 보고 싶었지만 막연한 동경으로 머물러 있었다. 회사 일도 너무 바빴고 대형 오토바이를 타려면 2종 소형면허도 취득해야 했고, 가족들의 반대도 만만치 않았다. 그냥 호기심과 동경으로만 묻어 두고 있었다. 지난 25년을 오직 회사 일만을 하고 살았고, 출장 이외에는 휴가도 제대로 한번 못 갔었다. 지난 미국 출장길에 빠듯한 일정으로 주말에 고속도로를 통해서 장거리 이동을 하고 있었다. 잠깐 들린 휴게소에서 오토바이를 타는 한 무리를 발견했다. 화려한 오토바이도 눈에 띄었지만, 그들의 옷차림새는 정말 독특했다. 마치 이상한 패션쇼를 하는 듯한 모습으로 삼삼오오 무리지어 있었다. 휴게소에서 커피 한 잔을 하고 벤치에 앉아서 그들을 보니 대부분이 L씨 또래인 50대 그리고 나이 지긋한 60대도 있었다. 그들은 무슨 재미난 일이라도 있는 듯이 서로 떠들고 웃으며 왁자지껄했다. 마치 어린애들이 소풍 나온 분위기였다. 한참을 지켜보고 있으니 무리 중의 한 사람이 말을 걸었다. 차림새 때문에 썩 내키지는 않았지만, 이런저런 이야기를 하다가 보니 의사, 회계사, 그리고 유명 대기업의 임원 등으로 자기를 소개해서 깜짝 놀랐다. 차림새는 동네 건달로 연상되었지만 그들은 생각과는 달리 전문가 집단이었다. 그들이 평소에 정장 차림으로 일을 하고 있는 모습과는 도저히 연결되지 않았다. 잠시 후 그들은 먼저 무리를 지어 출발을 했다. 휴게소가 떠나갈 듯한 오토바이 배기음을 남기고 떠나갔다. 고속도로를 달리다 보니 휴게소에서 만났던 그들이 무리를 지어 달리고 있었다. 너무나 환한 표정을 지으면서 곧게 뻗은 도로를 질주하고 있었다.

바쁜 출장 일정을 마치고 한국으로 돌아와서 가족과 함께 강원도 쪽으로 주말 나들이를 나가게 되었다. 우연히 국도변에서 미국에서 보았던 무리들이랑 비슷한 오토바이 타는 사람들을 보았다. 한국에서도 이렇게 오토바이로 라이딩을 즐기는 사람들이 있구나 하는 생각이 들었다. 휴게소에 잠시 들린 사이 오토바이 무리들이 굉음을 내면서 도착을 했다. 각기 독특한 오토바이와 옷차림을 하고 일반인들과는 확연히 다른 모습을 하고 있었다. 관심이 생겨서 그들의 오토바이를 힐끔힐끔 쳐다보고 있는데 누군가가 아는 척을 했다. L씨의 대학 후배이자 L씨의 경쟁 회사에 근무하는 P이사였다. L씨는 P씨가 그런 복장을 하고 있는 모습을 도저히 상상할 수 없었다. P씨는 얼마 전 오토바이 동호회에 가입을 하고, 주말이면 이렇게 라이딩을 나온다고 했다. 일행이 있어 길게 이야기는 하지 못하고 기회가 되면 저녁 하면서 이야기해 주겠다고 하고 환한 미소를 지으며 사라졌다. 입고 있는 가죽점퍼의 등에 Harley-Davidson이라는 커다란 글자가 눈에 들어왔다.

얼마 후 P이사에게 전화가 와서 저녁을 같이 하게 되었다. 그는 신이 나서 최근에 시작한 오토바이 이야기를 한참이나 했다. 어떻게 시작했는지 무엇이 좋은지 등등. 평소에는 차분한 그가 이렇게 신나서 무엇을 이야기하는 것은 처음 보는 듯했다.

P이사가 침을 튀기며 이야기하는 것은 최근 많은 중년 남성의 로망으로 자리 잡은 오토바이의 대명사 할리 데이비슨(Harley-Davidson)이다. 오토바이 하면 언뜻 연상되는 도로에서 굉음을 내면서 폭주하는 철없는 애들이 아니라, 지긋이 나이든 아저씨들이 가죽점퍼를 차려입고 육중한 오토바이를 줄지어 타고 가는 이색적인 모습의 주인공이 할리 데이비슨을 타는 사람들이다. 별로 관심 없이 본다면 그냥 이상한 취미를 가진 사람 정도로 볼 수 있다. 그러나 이들은 자기들만의 독특한 문화를 만들어 즐기고 있다. 실제 많은 정성을 기울이지 않으면 이들 오토바이 대열에 끼어들 수가 없다. 일단 자동차 운전면허와는 다른 2종 소형 면허를 새로 취득해

야 하고, 오토바이 한 대 가격이 웬만한 중
형차 가격을 넘어서 3,000만 원 정도는 지급
해야 한다. 그리고 분위기에 어울리는 옷도
장만을 해야 하고, 오토바이 유지, 보관 등
등 해야 할 일이 너무나 많다. 그런데 왜 그
들은 괴상한 오토바이 타기에 열광하는가?
분명히 무슨 비밀이 있을 것이다.

할리 데이비슨은 그들만의 독특한 고
객 프로그램인 호그(H.O.G: Harley Owners
Group)를 전 세계적으로 운영한다. 일종의 할리 데이비슨 오토바
이를 타는 동호회 같은 것인데, 세계적으로 130만 명의 회원을 가
지고 있다. 이곳에서 그들은 공통의 문화를 창출하고 가족 관계를
형성하게 된다. 이들의 행사는 매년 150여 회 가량 열리고 매년 자
발적으로 회비를 납부하고 참여를 한다. 매년 미국에서 열리는 호
그(H.O.G) 랠리에는 대서양, 태평양을 넘어 오토바이를 해외 운송
해서 참여하는 열성파도 수만 명에 이른다. 한국에도 1,000여 명
의 호그(H.O.G)가 활동하고 있다. 그러면 할리 데이비슨은 왜 소비
자와 문화행사를 마련하고 라이더들과 소통하는가?

할리 데이비슨은 1903년 미국 위스콘신 주에서 창업한 100년이
넘은 미국의 대표적인 오토바이 전문 제조업체이다. 그러나 다른 산
업과 마찬가지로 1960년대 일본 저가 오토바이의 시장 진입으로 거
의 파산 단계에 이르렀다. 이들이 살아남을 수 있는 방법은 거의 없
는 듯 보였다. 엄청나게 큰 구형 엔진, 기름 소모량도 많고, 잔 고장

도 많은 할리 데이비슨을 살 사람은 없었고, 기술의 혼다라고 불리던 실용적인 일본 오토바이를 여러 면에서 이기기에는 역부족이었다. 파산 직전의 그들은 1981년 쓰러져 가는 회사를 열성적인 임원진이 인수하면서 함께 새로운 도전을 시작했다. 그 도전은 팔리지도 않는 오토바이를 개선하는 것이 아니라 진짜 가치와 정체성을 찾는 것이었다. 할리 데이비슨은 '오토바이 그 이상(More than a motorcycle)'이라는 슬로건을 정하고 문화를 파는 회사라고 정의하면서 새로운 도전을 한다. 오토바이를 단순한 운송수단이 아니라 오토바이를 통해서 문화를 창조하고자 했다. 그래서 그들은 수많은 연구를 하게 된다. 그들은 오토바이의 모양은 다르지만 할리 데이비슨이라는 오토바이를 타면서 동질감과 소속감을 느끼도록 만들었다. 이러한 노력의 결과는 직원과 고객이 회사의 로고를 자기 몸에 문신으로 새길 만큼 충분히 같은 가치와 지향점을 가지도록 구축했다. 정확한 통계인지는 모르지만 세계에서 문신의 소재로 가장 많이 사용되는 것 중의 하나가 할리 데이비슨 로고라고 한다. 그리고 오토바이를 만들어 파는 회사인데 오토바이 의류, 액세서리가 전체 매출액에 5%를 차지할 만큼 많이 팔리고 있다. 이러한 문화적인 접근은 할리 데이비슨 오토바이의 갖가지 오명을 벗어 버리고 부활을 하게 된다.

할리 데이비슨은 극적으로 회생에 성공하여 마침내 2000년에 세계 1위 자리를 차지하게 되었다. 지난 20년간 한 번도 적자를 낸 적이 없었으며, 1986년에 주식이 재상장된 이후 주가가 150배나 뛰었다. 단순한 경영 성과를 떠나 할리 데이비슨은 고객들의 생활방식을 반영하여 제품의 방향과 마케팅 활동을 전개하여 최고의 자리를 만들었다. 물론 그 중심에는 호그(H.O.G)를 중심으로 고객의 경험을 만들어 낸다는 목표가 있다.

할리 데이비슨을 타는 사람들은 할리 데이비슨은 나를 나타내는 수단이라고 이야기한다. 상품을 통해서 정체성을 찾는다는 관점에서 보면 여성들이 명품 핸드백이나 의류를 통해서 자기를 찾아간다면 이들 남자들에게는 오토바이가 있다고 생각할 수 있다.

오토바이를 구매하는 사람들은 교통수단으로서의 오토바이나 엔진과 타이어로 구성된 탈 것을 구매하는 것이 아니다. 아마도 그런 접근법이었다면 절대 소비자는 현재 가격으로 구매하지 않을 것이다. 자동차보다 오토바이가 비싸다면 비용 관점의 가격 산정으로는 논리적으로 해석될 수 없다. 공급자는 제품 그 자체 이상의 가치를 제공해 주고, 고객은 그 가치를 인정하고 기꺼이 고가의 가격을 지급하는 것이다. 공급자와 소비자가 상호 인정하는 가치를 창출하는 것이 최고의 가치이다.

20~30년 전에는 모나미 153 볼펜은 필기도구의 대명사였다. 그리고 모나미 볼펜처럼 대부분의 사람들이 한정된 종류의 제품을 소비하면서 살았다. 비슷한 라면, 필기도구, 브랜드의 옷, 자동차 등등 크게 다를 것이 없었다. 적당한 품질의 제품을 만들어 시장에 내놓으면 필요한 사람들이 열심히 구매해서 소비했다. 풍족하지는 않았지만 아마도 행복한 시절로 추억하는 사람들도 많을 것이다.

현재로 돌아와서 보자. 대형 할인점에 쇼핑을 가면 라면 한 제품도 수십 가지가 진열되어 있고, 비교하려고 하면 지칠 정도로 많은 브랜드가 출시되어 있다. 예전에는 동네 슈퍼마켓에서 10~20분이면 필요한 것을 모두 사고도 남았는데, 지금은 식료품 쇼핑이 거의 반나절 치 일이 되어 버렸다. 이러한 상황에서 공급자는 소비자의 마음에 흡족한 상품을 제공하기가 더욱더 어려워졌다.

공급자가 제품 연구소에서 새로운 것을 만들어 공급하면 소비자가 '와' 하면서 사 주는 시대는 어느덧 끝난 듯하다. 많은 기업들이 소비자가 진정 원하는 것을 찾기 위해서 고객들에게 다가가기 시작했고, 고객도 일방적으로 공급되는 제품을 구매해서 소비하는 데는 흥미를 잃고 새로운 것을 찾기 시작했다. 소비자는 더 많은 것을 원하고 공급자도 제품 그 이상의 것을 주어야 한다는 것을 알아가는 시대가 되었다.

현명한 공급자들은 적당한 품질만으로는 고객을 만족시킬 수 없다는 판단을 하고, 단순한 제품을 공급을 넘어서 고객과 새로운 문화를 만들어 내기 시작했다. 고객들은 자기들이 구매하는 물건을 본인의 스타일로 이입하면서 충성스러운 고객으로 변하기 시작하고, 마침내 제품을 그들의 개인 문화 영역으로 끌어들인다. 이런 경험적 소비가 만족도가 높다. 고객과 소비자가 진정 무엇을 팔고 구매하는지 이해하고 공감한다면 소비 자체가 고객의 행복지수를 높여 주게 될 것이다. 나는 무엇을 구매하고 있는지 다시 생각해 보아야 한다. 단순한 가격의 비교가 아닌 진정 원하는 것에 나의 돈을 지급한다면 효용과 만족감을 극대화할 수 있다.

2

현명한 소비자들의
새로운 선택
사우스웨스트 항공_핵심가치의 날개를 달다

 10여 년 전인 2004년 KTX가 개통되기 전에는 서울에서 부산이나 대구로 업무 출장을 가려면 비행기가 가장 편리한 수단이었다. 옛날의 새마을호를 이용해서는 당일 출장은 거의 불가능했었고, 당연히 1박 2일 일정을 생각했었다. 부산으로 출장을 가서 동료들과 자갈치 시장에서 소주잔을 기울이던 기억은 이제 추억 속에만 남아 있다. 사람들 머릿속에는 점차 '한국은 어디를 가든지 당일 출장이 가능하다'고 생각하게 되었다. 진정한 1일 생활권이 된 것이다.

 KTX의 완공으로 서울-부산 간 교통수단에 새로운 경쟁 관계가 형성되었다. 전혀 다른 교통수단으로 인식되던 비행기와 기차가 서로 경쟁을 하게 된 것이다. 기차와 자동차는 비용이나 시간 면에서 종종 경쟁을 했지만 비행기와 기차는 경쟁 구도가 아니었다. 예전에는 생각하지 못한 경쟁 구도가 펼쳐진 것이다. 현재까지로 보면 어느 쪽이 승자라고 하기에는 힘들지만, 항공사 입장에서는 새로운 경쟁자가 등장한 것은 분명하다. 더구나 교통비 면에서 KTX가 저렴하게 되면서 항공사들은 심각한 경쟁에 몰리게 되었고, 이후 저가 항공사들이 취항을 시작하여 KTX보다 저렴한 항공료를 내놓기 시작했다. 그러나 대구의 경우에는 아예 김포-대구 항공편은 운항을 중단하게 되었다. KTX 개통 전 연간 140~150만 명이 이용하던 항공편은 노선 자체가 없어졌다. 당연한 결과였다. 서울역에서 동대구역까지 KTX로 1시간 40분이면 도착하는데 비행기를 이용할 고객은 많지 않았다. 국내선이지만 비행기를 이용하려면 역보다는 상대적으로 먼 공항에 가야 하고 대기를 해야 하는 등등 시간 면에서 경쟁을 할 수가 없었다. 당연히 비용 면에서도 KTX가 유리했다. 이에 긴장한 항공사들이 공항의 접근성을 높이기 위해서 공항에 무료주차를 해 주는 등 새로운 아이디어들을 내놓으면서 점점 더 재미있는 경쟁 구도를 보게 되었다.

소비자들은 시간과 비용이라는 요소로 다양한 교통수단을 비교하게 된다. 소비자들은 어떻게 하면 편하게 목적지에 갈 수 있을 것인가에 관심이 있고, 제한된 비용으로 최대한 편리하고 안전하게 목적지에 도착하는 것이 목표이다. 소비자들의 선택은 무엇이 될 것인가?

미국에서는 항공사와 다른 교통수단의 경쟁을 한국보다 40여 년 전에 경험했다. 대표적인 예는 사우스웨스트 항공(Southwest Airline)의 출범이었다. 사우스웨스트 항공은 1971년 텍사스 주 댈러스와 샌안토니오 간의 첫 항공편을 취항하면서 탄생한 신생 항공사였다. 저가를 무기로 내세우며 초창기 텍사스의 황금의 삼각지대라고 하는 댈러스, 샌안토니오 그리고
휴스턴을 연결하는 항로를 운
항했다. 이 세 개의 도시는 텍
사스의 주요 도시이지만 서로
멀어 자동차로 여행하기에는
불편했다.

　사우스웨스트 항공은 자동차로 여행하는 비용을 기준으로 항공
권 가격을 최저선으로 유지하면서 고객을 유치했다. 사우스웨스트
의 항공권은 당시 기준으로는 턱없이 싼 가격이었다. 예를 들면, 타
항공사가 27~28달러를 받는 도시 간 항공료를 13달러로 책정했다.
그리고 13달러의 항공권은 좌석 불문, 시간 불문, 요일 불문이라는
3불문 정책을 기반으로 책정되었다. 이런 가격 전략은 고객들의 머
릿속에 전혀 다른 교통수단으로 인식되었던 비행기와 자동차를 하
나의 동일한 시장으로 끌어들인 것이다. 1970년대에는 비행기는 고
급 교통수단이었음을 고려하면 혁신적인 접근이었다.

　그리고 사우스웨스트는 자동차 여행의 장점을 연구하고, 자동차
가 가지고 있지 않은 항공사만의 서비스는 철저히 제외했다. 저가
를 유지하기 위해서 한 종류의 항공기만 운영하고, 이용료가 저렴
한 공항만 사용했다. 특히, 같은 수의 비행기로 운항 횟수를 늘리기
위해 지상 작업시간을 타 항공사 대비 50% 이하로 줄이는 노력을
다했다. 가장 낮은 가격으로 가장 높은 수익률을 올리는 비결은 사
우스웨스트의 저비용 구조에 있다.

　사우스웨스트 항공의 저가 전략은 단순히 가격을 낮추어 많은

탑승객을 끌어들이는 것이 목적이 아니었다. 고객들이 원하는 가치를 정확하게 파악한 후 그에 맞는 방법을 찾아내고 최선의 가격을 설정한 것이다. 예를 들면, 좌석 배정을 아예 하지 않음으로써 승객의 탑승 시간을 줄여 주었고, 기내식도 제공하지 않았다. 반면에 자칫 지루할 수 있는 여행에 웃음을 주는 오락을 추가하여 사람들을 즐겁게 해 주었다. 그런 최저 가격하에서도 고객 만족 분야, 화물 취급 분야, 정시 운행에서 1위를 차지해 트리플 크라운(Triple Crown)의 영예를 오랫동안 유지했다. 고객이 꼭 필요한 서비스와 최저 가격은 여행객을 끌어들이는 매력인 것은 분명하다.

사우스웨스트 항공은 미국에서 가장 수익률이 높은 항공사이며, 연속 41년간 적자 없이 운영되는 항공사이고, 주가의 총액을 계산하면 미국 항공사 전체의 시가 총액보다 크다. 또한 저비용 구조에서도 사우스웨스트 항공은 가장 낮은 이직률과 매년 일하고 싶은 직장 선정 시 순위 5위 안에 든다. 그리고 20년 동안 연속으로 가장 존경받는 기업으로 등재되어 있다.

이런 탁월한 경영 성과의 비밀은 철저한 소비자 중심의 기업철학과 고객의 가치를 극대화하겠다는 기업의 운영 방침에서 나온다고

★ 사우스웨스트 항공의 성공 비결

1. 잘하는 것만 한다.
2. 단순함을 유지한다.
3. 요금은 낮게, 코스트는 더욱 낮게 유지한다.
4. 여러분이 대접받고 싶은 식으로 고객을 대접하세요.
5. 결코 정체되어 있지 마세요.
6. 훌륭한 인재를 고용하세요.

볼 수 있다. 사우스웨스트가 여러 면에서 탁월한 경영 능력을 보여주는 원동력은 목표 시장을 규정하고 어떤 가치를 만들어 낼 것인지에 대한 분명한 방향이 있었기 때문에 엄청난 성공을 이룰 수 있었다.

모든 경영 성과 중에서도 가장 중요한 것은 경쟁 상대를 다른 항공사가 아니라 자동차로 규정하고 비즈니스 계획을 수립한 것이다. 이런 전략적 사고의 전환은 출범 후 40년이 지난 현재 총 683대의 항공기를 보유하고 총 여객 운송 수가 전 세계 3위인 항공사로 태어나게 했다.

사우스웨스트의 성공 이후 1990년대 초 유럽을 중심으로 많은 저가 항공사(低費用航空社, Low Cost Carrier)들이 설립되었고, 한국에서도 2005년 한성항공이 청주-제주 노선을 취항하면서 저가 항공 시대가 열렸다. 현재는 제주항공, 진에어, 에어부산, 이스타항공, 티웨이항공(전 한성항공) 등이 국내 및 해외 단거리 노선을 운항하고 있다. 국내 항공 시장의 경우 저가 항공이 50% 정도의 시장점유율을 기록하면서 괄목한 성장을 하였다. 그런데 현재의 저가 항공사들의 전략은 사실 사우스웨스트 항공과는 좀 다른 양상이다. 저가 항공사들은 현재 단거리 노선을 두고 항공사 간의 엄청난 경쟁을 하고 있다. 특히, 대형 항공사들의 자회사들이 진출하면서 치열한 시장점유율 경쟁과 가격 경쟁을 동시에 하고 있다. 한국에서도 진에어는 대한항공의 자회사이고 에어부산은 아시아나항공이 대주주이며, 일본의 ANA는 피치항공(Peach Aviation)을 자회사로 운영하고 있다. 결국 서로 가격 전쟁을 벌이고 있다. 소비자 입장에서는 낮은 가격으로 항공 서비스를 이용할 수 있고 좀 더 편리한 스케줄을 짤 수 있어 많은 혜택이 있을 수 있다. 그러나 고객 입장에서 본다면 사우스웨스트 항공 같은 좀 더 획기적인 전환을 원하는 것은 아닐까? 사우스웨스트 항공에서도 언급을 했지만 사우스웨스트 항공이 단지 저렴해서 오늘날의 성공을 거둔 것은 아닐 것이다. 같은 영역 내에서 가격 경쟁이 아닌 새로운 융합된 서비스가 진정한 승자가 되는 것은 아닐까 한다. 사우스웨스트는 무엇을 고객에게 전달할 것인가에 대한 분명한 가치를 둠으로써 성공의 초석이 되었다는 것을 상기할 필요가 있다.

★ **저비용 항공사에 관한 사실들**

- 세계 최초의 저가 항공사는 아이슬란딕 항공이라고 알려져 있다. 슬로건은 "우리는 가장 느리지만 가장 싸다(We are the slowest but the lowest)."이었고 '히피 항공'이라는 애칭을 얻었다. 1977년도에 런던 캐트위공항과 뉴욕JFK를 연결하는 레이커 항공이 '하늘열차 (Sky Train)'라는 서비스로 노선을 운영했다.
- 저비용 항공사는 10년 전만 해도 생소한 용어였다. 국내 소비자들은 사람 목숨이 달린 항공여행인데 저비용은 안전하지 않을 거라는 생각이 있어 이용하는 데 주저했다.
- 저비용 항공사의 이용고객은 2,000만 명을 넘어설 예정이다.
- 아시아 최초의 저비용 항공사는 토니 페르난데스 회장이 2001년 말레이시아에 설립한 '에어 아시아'이다.
- 우리나라에서는 저비용 항공사의 운임이 평균 20% 정도 싸다. 물론 시간대와 조건에 따라서 천차만별이다.
- 비즈니스, 이코노미 등의 구별이 없는 단일 좌석으로 운영하는 모노클래스 시스템이다.
- 아일랜드 라이언 에어나 미국의 사우스웨스트는 인터넷 좌석 판매가 90%가 넘어선다. 비용을 줄일 수 있는 기반이 마련되어 있다.
- 얼리버드형 운임제도를 이용하라. 항공사는 영업 마케팅 비용을 줄이기 위해서 일찍 그리고 확정 구매하는 고객에게는 특가로 판매해서 안정적인 수요를 확보한다.
- 온라인을 이용하라. 항공사는 여행사 수수료를 줄이기 위해서 자사 홈페이지에서 구매하는 고객에게 특별 할인을 해 준다.

    사우스웨스트 항공의 성공은 현명한 소비자의 기여가 있었다고 보아야 한다. 소비자들은 새로운 전략을 기꺼이 받아들였고 기업이 성공하는 데 충실한 지원자가 되었다. 현명한 소비자가 훌륭한 기업이 탄생하는 데 자극이 될 수 있는 좋은 사례이다. 또 다른 측면에서는 훌륭한 공급자가 소비자의 현명한 소비를 이끌어 낼 수 있다. 사우스웨스트 항공의 성공은 여행자들에게 새로운 소비의 세계를 열어 주었을 뿐 아니라 전 세계 저가 항공 산업에 많은 영향을 끼쳤다.

3 핵심만 소비하는 소비의 달인

미니멀리즘* 과 빼기의 미학

운동을 지속적으로 재미있게 할 수 있는 방법은 없을까? 많은 사람들이 새해가 되면 운동을 시작하겠다는 각오를 하고 헬스클럽에 등록을 한다. 그러나 헬스클럽은 복잡한 운동기구와 시간 제약, 거리 등으로 처음 며칠의 의욕과는 달리 점점 멀리하게 된다. 더욱이 여성들은 남자들보다 더 많은 제약 조건이 있게 된다. 그래서 집에서 운동을 하겠다고 운동기구나 비디오 등을 구매하기도 하지만 대단한 각오를 하지 않는 한 지속하기 쉽지 않다. 혼자서 운동하는 것은 정말 의지가 대단해야 가능하다.

주부 K씨도 수많은 시도와 시행착오를 거듭했지만, 지속적으로 운동하는 데 성공하지 못했다. 우연히 아파트 입구에 걸린 광고를 보고 집근처의 커브스(Curves)라는 헬스클럽을 방문했다. 보통의 헬스클럽과는 달리 수

* 미니멀리즘 (minimalism); 단순함과 간결함을 추구하는 예술과 문화적인 흐름. 제2차세계대전을 전후하여 시각 예술 분야에서 출현하여 음악, 건축, 패션, 철학 등 여러 영역으로 확대되어 다양한 모습으로 나타나고 있다. 영어에서 '최소한도의, 최소의, 극미의'라는 뜻의 '미니멀(minimal)'과 '주의'라는 뜻의 '이즘(ism)'을 결합한 미니멀리즘이라는 용어는 1960년대부터 쓰이기 시작했다. (두산백과)

많은 트레드밀(런닝머신)도 없고, 복잡한 운동기구도 없었다. 넓지 않은 장소에 간단한 운동기구가 몇 가지 있을 뿐이었다. 헬스클럽 운영자와 상담을 나누어 보니 하루에 30분 코스 운동을 권했다. 커브스는 기본적으로 30분 순환 프로그램을 기본으로 한다. 물론 비용도 일반 헬스클럽에 비해서 저렴한 편이었다. 헬스클럽 운영자도 운동을 전공한 전문가가 아니라 본인도 커브스의 회원이었다가 사람들을 만나는 것이 좋고, 운동 효과도 좋아 결국 커브스 체인을 직접 열었다고 했다. 좋아하는 음식점에 자주 다니다가 결국 음식점을 차린 것과 마찬가지다. 이야기를 듣고 보니 어쩐지 신뢰가 가서 등록을 하고 다니게 되었다. 무엇보다도 좋은 것은 회원이 여자만 있어서 특별히 신경 쓰지 않고 운동을 할 수 있었다. 프로그램도 여자들한테 잘 맞추어져 있어서 편리하고 마음에 들었다.

K씨가 등록한 커브스(Curves)는 세계 최대의 여성 전용 헬스클럽이다. 커브스는 설립자인 게리 헤이븐(Gary Heavin)과 다이앤 헤이븐(Diane Heavin) 부부가, '여성들의 삶을 건강하고 행복하게'라는 비전을 가지고 1992년 텍사스 주 할링겐에 첫 커브스 클럽을 열면서 탄생되었다. 운동을 하러 다닐 때 남성에 비해서 상대적으로 불편한 여성을 대상으로 만들어진 헬스클럽이다. 커브스는 남자들의 시선으로부터 자유롭고, 여성 위주의 운동 장비를 갖추어 재미있는 운동을 추구하면서 돌풍을 일으키게 된다. 특히, 30분의 짧은 코스 위주의 운동과 저렴한 비용을 내세워 기네스북에 가장 많이 등록된 체인점으로 기록될 정도로 폭발적인 인기를 누리게 된다. 전 세계 90개국 10,800개 클럽에서 480만 여성 회원들이 등록되어 있다.

커브스는 여성 전용의 특징을 살려 세 가지 'M'이 없다고 이야기 한다. 남자가 없고(no Man), 화장을 안 해도 되고(No Makeup), 그리고 거울이 없다(no Mirror). 여성 고객들이 헬스클럽을 가는 데 걸림돌이 되는 것을 모두 제거한 것이다. 결국 소비자의 불편함을 제거함으로써 고객으로 끌어들였다. 그리고 집중할 고객에게 제공할 가치를 극대화하면서 대성공을 거두었다. 이러한 잘 정리된 가치는 사용자에게 정확히 전달되었고 성공을 거두었다. 실제 커브스의 신규 창업자 중 70%가 커브스에서 운동을 하다가 커브스를 창업하게 될 정도로 기본 가치가 잘 공유되고 있다.

일반적으로 기업들은 제품이나 서비스에 많은 부가기능을 붙여서 높은 가격을 받으려고 노력한다. 좀 더 많은 기능과 화려한 포장이 상품의 성공을 보장한다는 믿음이 대세가 되었다. 결국 추가되는 기능만큼 가격이 올라가게 되고, 기업의 이윤은 늘어난다. 그러나 소비자 입장에서는 필요하지도 않은 기능을 구매해서 비용이 올라간다.

통상적으로 가치를 높인다고 하면 기존의 기능에 무언가를 더해서 만들어 낸다고 생각을 하기 쉽다. 그러나 기능을 제거하고 단순화함으로써 가치를 높이는 제품도 있다. 모든 것을 잘 하려고 할 때 오히려 독특한 가치는 빛이 바래고 높은 가격만 남게 되는 우를 범할 수 있다. 이러한 사례는 우리 주변에서도 흔히 볼 수 있다. 여러 가지 메뉴를 하는 음식점이 성공하는 경우는 드물다. 잘하는 한두 가지의 메뉴를 제공하는 음식점은 많은 강점을 가지고 있다. 재료 준비, 그릇의 종류, 그리고 종업원의 숫자 등에서 단순함은 엄청난 경쟁력을 가진다. 그러나 현실은 메뉴의 숫자를 늘리고자 하는 식당 주인은 많아도 메뉴를 줄이고자 하는 주인은 많지 않다. 그러나 메뉴를 늘이고 남녀노소 모두를 고객으로 확보하려는 순간 가치는 떨어질 수밖에 없다. 고객들의 가치에 대한 판단은 냉철하다.

소비자들의 기호가 다양해지면 다양한 제품이 최소화를 추구하면서 핵심 기능만 유지하는 전략으로 초저가 모델이 등장하고 있다. 2014년 스페인 바르셀로나에서 열린 세계 최대의 이동통신 전시회인 'Mobile World Congress(MWC)'의 프레스 컨퍼런스에서 불과 25달러(약 2만 6,000원)짜리 스마트폰이 발표되었다. 통상 70~80만 원의 최고급 스마트폰에 익숙한 우리에게는 충격적인 가격이다. 3만 원 정도이면 일반적인 스마트폰의 배터리 가격에 불과하다. 이렇게 3만 원도 안 되는 저렴한 스마트폰을 발표한 회사는 Firefox OS를 개발하는 모질라(Mozilla)와 중국의 전자기기 제조사인 스프레드트럼(Spreadtrum)이다. 이 초저가 스마트폰은 조만간 시장에서 볼 수 있을 것이다. 불과 3만 원도 안 되는 가격이지만 3.5인치 (HVGA) 터치스크린 액정, 블루투스, FM라디오, 카메라 기능까지 탑재하고 있다.

핸드폰 시장에만 미니멀 모델이 있는 것은 아니다. 자동차 시장에서도 이런 것이 등장했다. 출발점은 좀 다르지만 인도 최대 회사 중의 하나인 타타 자동차의 라탄 타타(Ratan Tata) 회장은 인도 사람들이 작은 오토바이(스쿠터)에 한 가족이 다 함께

타고 다니는 것을 보고 가난한 인도인들을 위한 자동차를 만들기로 마음먹고 세계 최저가 자동차인 나노(Nano)를 개발했다. 나노가 처음 시장에 나올 때는 10만 루피(250만 원)이었다. 나노는 세계에서 가장 싼 차로 이름을 얻었지만 5인 가족이 탈 수 있는 승용차로 기본적인 기능은 다 갖추었다. 타타의 나노는 독일 보쉬가 만든 624cc 2기통 휘발유 엔진이 장착되었고, 60km/h에 도달하는데 8초가 걸리고, 최고 속도는 105km/h이다. 자동차를 개발할 때 다른 자동차와 경쟁하려고 했던 것이 아니라 많은 사람이 한꺼번에 오토바이에 타고 다녀 위험한 것을 안전하게 탈 수 있도록 만든 것이니, 목적은 충분히 달성했다고 생각한다. 알루미늄 엔진에 차체 무게가 600kg밖에 되지 않아 리터당 23.6km/리터를 갈 수 있다. 고급 승용차를 운전하고 다니는 사람들이 보면 웃음거리로 보일지는 모르겠지만 인도인들은 웬만한 중형 승용차의 1/10 가격으로 자가용을 가질 수 있게 된 것이다. 한국에서도 자동차에 수많은 기능과 옵션이 들어가면서 평균 가격이 많이 올라 경차도 1,000만 원을 넘는 가격을 주어야 한다. 그런데 과연 그런 기능이 모두 필요한 것인가?

소비는 사람의 욕망을 반영한다. 더 좋은 것 더 많은 것을 추구한다. 닭과 달걀 같은 이야기로 소비자가 먼저 원할 수도 있고, 공급자가 소비자를 화려한 기능으로 유혹할 수도 있다. 그러나 소비의 욕망을 충족하기 위해서는 반드시 대가가 따른다. 소비를 위한 돈이 필요한 것이다. 필요하지 않은 물건을 위해 나의 의사와 상관없이 지출하게 만드는 것을 경계해야 한다. 광고나 트렌드에 따른 소비에 빠져드는 순간 우리가 진정으로 원하는 가치를 구매하는 것이 아니라 기업의 이윤을 위한 비용을 치르게 된다는 것을 명심해야 한다.

커브스는 모든 복잡한 운동기구를 제거했다. 사실 헬스클럽에 여성 운동자들이 사용하지 않는 운동기구가 많다. 그러나 본인의 사용 여부와 상관없이 비용을 내고 있는 것이다. 타타자동차의 나노의 경우 백미러는 하나밖에 없고 윈도 브러시도 하나밖에 없다. 인도 사람들의 운전 습관 때문이기도 하지만 최소한의 비용으로 꼭 필요한 가치만을 전달하자는 목표가 있었다.

꼭 필요한 것만을 추구한다면 쓸데없는 가격 논쟁에 휩쓸릴 필요가 없다. 꼭 필요한 것에 적당한 가격을 지급하면 되는 것이다. 현명한 소비의 지름길은 합리적인 판단도 중요하지만 소비를 최소화하는 것도 좋은 방법이 된다. 정보의 비대칭 상황에서는 구매 행위를 최소화하는 것도 합리적인 방법 중에 하나이다. 더 좋은 것이 아니라 반드시 필요한 것인가를 보아야 한다. 가치는 꼭 필요한 것으로부터 나온다. 욕망의 본질을 파악하는 것이 현명한 소비의 지름길이다.

4

자본 이익을 제외한
합리적인 가격
협동조합

소비자들은 물건을 구매할 때 항상 표시된 가격을 보고 이 가격
이 합리적인지를 고민한다. 이런 고민은 에너지를 쏟아야 하는 쉽
지 않은 과정이고, 많은 시간을 소비하게 만든다. 업체들의 현란한
마케팅의 의도를 파악하고, 핵심을 이해해야 하는 치열한 머리싸움
을 해야만 내가 원하는 것을 구매할 수 있다. 내 돈을 쓰는데 이렇
게 피곤해야 하다니 이해할 수가 없다.

물건의 적절한 가치와 가격을 합리적으로 판별해 주는 도구가 있
다면 얼마나 쉽게 물건을 구매할 수 있을까? 그런 아이디어 중의
하나가 가격 비교 사이트라고 보통 사람들은 알고 있다. 그렇지만
이런 가격 비교 사이트도 기업들의 마케팅 전술로 무력화되는 듯
하다. 유통 채널 별로 고유한 모델명을 만들고, 각각 다른 가격을
설정한다. 그래서 같은 전자제품도 백화점 가격과 양판점 가격이
다르다. 아무리 첨단 IT기법을 이용해도 정확한 비교가 용이하지

않다. 유통 업체들은 다양한 가격 기법을 통해 고객들을 유인한 후 결국 업체에게 유리한 가격 조건으로 제품을 팔고 있다. 치열한 가격 정보 싸움에서 소비자가 이길 방법은 없는가? 소비자들은 싼값으로 구매하려는 기본적인 욕구 이외에도 최소한 합리적인 가격으로 구매하려는 희망을 가지고 있지만 실현하기는 쉽지 않다.

이런 치열한 게임에서 상대적으로 정보가 취약한 소비자가 이길 수 있는 방법은 그리 많지 않다. 그리고 굳이 세상을 살아가면서 일상을 이렇게 치열하게 살고 싶지 않은 사람도 많을 것이다. 많은 사람들이 비슷한 고민을 하면서 적절한 해결책을 찾으려고 노력하고 있다. 어쩌면 새로운 방법을 찾는 것이 아니라, 인간들의 원초적인 삶의 방식으로 돌아가서 답을 구할 수 있다. 서로 대립할 것이 아니라 같은 방향으로 가는 방법, 원시 시대나 농경 시대처럼 생산자와 소비자가 같다면 이렇게 복잡한 과정은 전혀 필요 없다. 결국 누군가가 더 많이 가지려고 하니 문제가 생기는 것인데 이를 최소화하면 되는 것이다.

가장 오래된 대안적인 방법으로 협동조합을 돌아볼 필요가 있다. 협동조합의 역사는 우리가 생각하는 것보다 훨씬 길다. 19세기 영국에서 시작되었다는 주장과 이미 15세기 스코틀랜드에서 시작되었다는 주장이 있다. 유럽뿐만 아니라 미국에서도 많은 종류의 협동조합이 지난 200여 년 동안 활발하게 운영되었고, 지금도 세계적으로 많은 협동조합이 운영 중이다. 프랑스의 최대 은행인 크레디 아그리콜(Credit Agricole), 네덜란드 1위 은행인 라보방크(Labo Bank) 등 유서 깊은 금융기관도 있고, 프로축구팀인 에프시 바르셀로나

(FC Barcelona), 미국의 오렌지 협동조합인 썬키스트(Sunkist Growers Inc)도 협동조합이고, 뉴질랜드 키위의 대명사인 제스프리(Zespri)도 협동조합이다.

스위스에서는 600개의 매장을 둔 미그로(Migros)가 대표적인 협동조합으로 스위스 전국에 소매 매장을 운영하고 있다. 스위스 전체 인구 700만 명 중에 200만 명을 조합원으로 둔 미그로는 2010년 30조원의 매출을 올린 대형 협동조합이다. 미그로는 자본이 운영하는 기업이 아닌 협동조합이기 때문에 주주 가치를 위한 수익을 늘리는 것이 운영 목적이 아니다. 좋은 제품을 소비자에게 합리적인 가격에 공급하는 것이 설립 목적이고, 발생되는 수익은 전액이 조합원에게 배당된다. 소비자들은 미그로가 조합원들을 위해서 운영된다는 점을 굳건히 믿고 미그로의 가격을 신뢰한다.

미그로는 원래 영리를 목적으로 한 사기업이었다. 우리나라의 이마트나 홈플러스와 같은 기업이었다. 그런데 미그로의 창업자 고틀리프 두트바일러(Gottlieb Duttweiler)는 1941년 미그로를 사회에 환원하면서 오늘날의 협동조합 미그로가 되었다. 미그로의 창업자 고틀리프 두트바일러는 스위스에서 가장 존경받는 인물 1, 2위에 오르내린다. 아인슈타인, 페스탈로치 등과 같은 수준의 존경을 받는다. 한국에서는 기업인이 이렇게 존경받는 것은 상상하기 어렵다. 그가 뿌린 작은 씨앗이 오늘날의 거대 협동조합 미그로의 기본이 되었고 전 국민의 마트가 되었다.

협동조합, 참 좋다. 김현대 외 3인, 2012년 7월, 푸른지식, p. 165.

스위스에서는 다국적 유통 기업인 까르푸(Carrefour)가 공격적으로 진출했다가, 2008년에 매장 열두 곳을 모두 미그로와 같은 협동조합인 코프 스위스 (Coop Swiss)에 넘기고 철수했다. 까르푸가 스위스 시장에서 성공하기 위해서 얼마나 많은 투자와 홍보를 했을지는 상상이 간다. 세계적인 유통 노하우를 가진 거대 다국적 유통 기업이 협동조합에 백기를 들고 물러난 것이다. 단순히 미그로의 경영, 마케팅 전략이 뛰어나서 소비자들에게 사랑받는 것은 아니다. 미그로와 같은 협동조합은 소비자, 즉 조합원들과 운영자가 같은 방향을 추구하기 때문이다. 고객이자 조합원인 소비자를 위해서 물건을 매입하고 판매하니 소비자는 신뢰를 바탕으로 물건을 살 수 있는 것이다.

가까운 일본에도 소비자 협동조합인 코프(Co-op)가 잘 발달되어 있다. 소비자들은 코프로부터 카탈로그를 받아서 원하는 물품을 주문하고, 코프는 조합원들에게 주문한 상품을 배송한다. 코프에 주문한 물건은 일반 택배 회사를 통해서 배송되는 것이 아니라, 코프의 직원들이 배송을 한다. 일본에 주재하고 있을 때 우리 집에 배달 오던 코프 직원은 작은 손편지로 주말에 자기가 무엇을 했는지 휴가 때 무엇을 했는지 같은 내용과 어떤 농산물이 제철인지 등을 기록한 작은 편지를 전달했다. 항상 같은 배달원이 오기 때문에 어떤 물건을 자주 사는지도 알고, 부재 시 어디에 배달품을 두고 가야 하는지도 알고, 가족과 같은 유대감이 생긴다. 자주 오기 때문에 강아지 이름도 기억하고 이름을 불러 준다. 단순한 배송을 처리해 주는 기사가 아니라 각각의 조합원을 이어 주는 역할을 한다. 물론 물건의 가격이 비싼지 의심할 필요가 없다. 코프가 인정하지 않는 제품은 아예 소비자에게 제공되지 않는다. 물건을 구매한 금액의 일정 금액은 모두 조합원의 배당금으로 정산되어 주기적으로 알려 준다. 결국 유통 업자의 마진이 소비자에게 배당금으로 돌아오는 것이다. 소비자로서는 의심할 필요가 없고, 더 싼 가격을 찾아 헤매고 다닐 필요도 없다.

또 다른 예로 유럽에는 협동조합의 성지 같은 도시가 있다. 이탈리아의 '붉은 지붕의 도시'로 유명한 볼로냐(Bologna)이다. 볼로냐는 37만 명의 작은 도시이지만 1인당 소득이 5만 달러를 넘는 부유한 도시이다. 유럽연합에서 소득이 높은 다섯 개의 도시 중의 하나이다. 이탈리아 국민소득과 비교해서도 엄청나게 높은 도시이다.

그러나 볼로냐가 속한 에밀리아로마냐 주는 1950년까지만 해도 이탈리아에서 가장 가난한 지역이었다. 에밀리아로마냐 주에는 8,000개에 이르는 협동조합이 운영되고 있다. 볼로냐에만 400여 개의 협동조합이 있고, 이들 협동조합은 지역 경제의 45%를 차지하고 있으며, 이 지역의 평균 임금은 이탈리아 평균 임금의 두 배에 달하고 실업률은 3%에 불과하다고 한다. 특히, 2008년 세계 경제 위기에서도 볼로냐 지역은 별로 영향을 받지 않았다. 경영적으로 위기에 처한 협동조합은 다른 협동조합으로부터 지원을 받거나 일자리를 잃은 인력을 받아들임으로써 상호지원을 통해 위기를 슬기롭게 넘길 수 있었다. 볼로냐에는 대형마트급의 소비자 협동조합*, 농민 협동조합, 주택협동조합, 유치원협동조합, 요리사협동조합, 웨이트협동조합 등 모든 형태의 비즈니스가 협동조합으로 운영된다고 생각하면 된다. 문화

* 코프 이탈리아(Coop Italia): 매장 수 1,425개, 직원 수 5만 6,500명, 조합원 수 695만 명, 총매출 126억 유로, 2008년도 현황. (협동조합도시 볼로냐를 가다, 그물코, 2014, p. 110.)

예술 쪽인 연극 등도 협동조합으로 운영된다고 한다.

볼로냐의 많은 협동조합 중에서도 가장 부럽게 생각되는 것은 1948년 설립된 주택협동조합인 콥안살로니(Coop Ansaloni)이다. 볼로냐는 1980년대 주택보급률이 40%대였으나 현재는 85%에 이르는데, 주택협동조합이 상당히 기여를 했다. 주택협동조합은 사기업처럼 이윤을 추구하지 않기 때문에 투기를 부추길 필요도 없고, 막대한 광고비나 분양을 위한 불필요한 자재 등을 사용할 필요가 없어 주택을 합리적인 가격에 공급할 수 있다. 거품을 뺀 합리적인 주택을 공급하는 역할을 한다. 협동조합기금이나 조합이 은행에 공동으로 대출을 받아 주택을 구입할 자금이 부족한 조합원에게 10년 동안 임대해 주기도 한다. 임대 기간 후 구입할 수도 있다. 10년간의 임대료는 주택구입가에 포함되므로 저축을 하고 형편이 되면 살던 집을 그냥 구입하면 된다. 이런 협동조합 방식의 주택 공급은 주택 보급에 상당한 기여를 했다. 조합은 공동으로 자재를 구매하고, 건설을 하고, 장기적인 사후 서비스를 제공해 줌으로써 구매자들에게 안심하고 주택을 마련할 수 있는 기반을 마련했다.

일반적으로 주택조합은 일반기업에 비해 10~15% 싼 값에 주택을 공급하고, 5~10% 정도의 이익을 남긴다고 한다. 협동조합은 투명하게 원가와 마진을 공개하므로 소비자 입장에서는 안심하고 주택을 구입할 수 있다. 구입 후 협동조합에서 주택의 사후관리도 책임진다. 이러한 정책 때문에 주택건설 시 상당히 세심한 주의를 기울이게 되어 있는 구조이다. 우리나라에서 건설사들의 개발 이익과 투기성 분양 때문에 부동산값이 등락을 거듭하는 상황과 상당히 대조적이다. 최근 한국에서도 작은 규모로 주택협동조합이 생겨나서 공동주택을 건립하고 있는 것은 장래를 보아 상당히 고무적이다.

협동조합은 기업의 형태로 운영되지만 일반 기업과는 추구하는 바가 다르다. 이는 투자자의 이윤을 추구하는 것이 아니라 원가 기준의 경영을 해서 조합원에게 이익이 되도록 하는 것이다. 엄연히 투자자, 즉 조합원은 있지만 그들은 일반 기업의 주주들처럼 투자금에 대한 이익을 기대하지 않기 때문이다. 조합원들은 다만 그들의 본래 목적한 바를 얻고 싶을 뿐이다. 협동조합이 합리적이고 효율적인 경영만 할 수 있다면 조합원은 반드시 혜택을 볼 수 있다.

전체가 이익을 얻을 수 있다면 일부가 희생되어도 그 선택이 합리적이라는 일반 기업의 기본 원리와는 다르다. 가령, 소비자를 차별화해서 더 많은 이익을 얻을 수 있다면 기업은 기꺼이 그런 전략을 택할 것이다. 그렇지만 협동조합은 일부가 희생되는 전략을 택하지는 않는다. 그 일부도 존중되어야 하는 조합원이기 때문이다.

무한경쟁과 승자독식이 아니라 구성원 모두가 같이 살아가야 하는 모델을 만드는 바람직한 형태이다. 이런 협동조합에서는 소비자들이 의심의 눈초리를 가지고 가격표를 노려 볼 필요가 없다. 누구도 대가 없이 당신의 주머니를 노리지 않는다는 신뢰가 깔려 있기 때문이다.

5 한국에서도 합리적인 소비를
생활협동조합

외국의 협동조합 사례를 보면 한없이 부럽다. 우리나라에서는 협동조합에 대해서 대부분 관심이 없거나 호감을 가지고 있지 않다. 한국에서 협동조합이라고 하면 농협을 떠올리는 사람들이 많기 때문일 것이다. 농협은 1957년도에 제정된 농협법에 근거하여 설립된 협동조합이고, 농협법 1조에는 '농업인의 자주적인 협동조직'으로 규정되어 있다. 현재 240만 명의 조합원과 1,157개의 조합을 둔 세계적으로도 거대한 협동조합 조직이다. 그런데 농협을 진정한 협동조합으로 생각하는 사람은 그리 많지 않다.

우리는 왜 정부 산하기관 같은 무늬만 협동조합인 것을 가지게 된 것일까?

농협의 태생이 조합원의 자발적인 행동에서 나온 것이 아니라, 경제개발 시대에 정부의 주도로 만들어졌고, 관료적인 농업중앙회, 정치권 그리고 농림 관료들이 막대한 영향력을 행사하면서 조합원이 주인이 아니라 오히려 조합원은 배제된 이상한 협동조합이 된 것이다. 농협은 스스로 신용사업(예금, 대출)에 주력하면서 일종의 관변 금융기관으로 변하면서 정체성과 경영의 심각한 위기를 맞고 있다. 협동조합에서 조합원인 농민이 주인이라고 생각하지 않으면 협동조합으로서의 의미가 없어진 것이다. 최근 농협은 간판을 NH로 바꾸었다. 스스로 협동조합을 자랑스럽게 생각하지 않는 조직에서 협동조합의 이름은 달갑지 않았을 것이다. 이는 당연한 결과이고, 그런 의미에서 협동조합의 의미는 상실되었다고 본다. 농협 이외에도 수산업협동조합, 신용협동조합, 산림협동조합 등의 유사한 기관들이 협동조합 형태로 운영된다. 그야말로 무늬만 협동조합인데 아직까지 협동조합 간판을 달고 있는 곳들이다. 조만간 농협과 같은 길을 걸어갈 것이다.

하지만 우리나라에도 진정한 협동조합의 기운이 되살아나고 있다. 2012년 '협동조합기본법'이 제정되기 전에도 협동조합 설립에 대한 많은 움직임이 있었고, 몇몇 협동조합은 자리를 잡고 있다. 물론 다른 나라의 협동조합의 현황과는 거리가 있지만, 괄목할 만한 움직임이 있고 성장세를 타고 있다.

주부인 L씨는 최근 집 근처에 새로 생긴 생협(생활협동조합)을 이용하기 시작했다. 근처의 대형마트에서 모든 물건을 구매했지만, 이제 새로 생긴 생협에서 농수산물을 구매한다. 처음 생협에 들러서 농수산물을 둘러보았을 때는 생각보다 가격이 비싸서 발길을 돌렸다. 그리고 돈을 내고 회원 가입을 해야 된다고 해서 일단 머뭇거리게 되었다. 집에 돌아와서 남편에게 새로 생긴 생협에 대해서 이야기를 했더니, 남편은 생협이 예전 일본에서 살 때 이용하던 코프(Coop)와 같은 형태의 협동조합이라고 설명을 해 주었다. 생각을 해보니 L씨는 일본에서 거주할 때 많은 공산품, 농수산물을 코프에서 구매해서 사용했다. 기억이 잘 나지는 않았지만 처음 이용할 때 회비를 낸 기억도 있고, 연말이면 작지만 배당금도 받은 기억이 있다. 그때는 주변의 권유로 별다른 생각 없이 물건이 좋아서 사용했을 뿐이다. 다시금 생협에 대해서 정보를 검색해 보니 한국의 생협과 코프가 유사한 형태의 협동조합이라는 것을 알게 되었다. 그런데 왠지 한국에서는 생활협동조합이라고 하니 낯설게 느껴진다. 협동조합인 농협의 직판장인 하나로마트도 이용해 보았지만, 다른 대형마트와 다른 점은 별로 없었다. 사실 농협의 하나로마트는 농협의 수익사업으로 운영하는 대형마트이지 조합원인 농민들의 창구로는 보이지 않았다. 그리고 소비자한테는 그냥 농협이라는 간판을 단 대형마트일 뿐이었다.

다시 L씨는 생협에 들러 간단한 안내책자를 들고 와서 읽으면서 협동조합을 좀 더 알게 되었다.

우리나라에서 성공한 협동조합으로 알려져 있는 한살림생협(한살림소비자생활협동조합연합회)은 소비자와 생산자 간의 직거래운동을 통해 소비자와 생산자 모두 혜택을 준다는 취지로 1985년도에 출범했다. 1986년 작은 쌀가게인 한살림농산으로 시작했으나, 현재는 조합원 수 45만 명이 넘는 비영리 생활협동조합으로 성장을 했다. 비영리 조직이다 보니 생산자와 소비자를 직접 거래해서 유통비용을 최소화하고, 기본적으로 이윤을 남기지 않는다. 전국 2,000여 농민 조합원이 참여하여 농산물을 공급하고 있다. 그리고 소비자도 모두 조합원으로 출자금을 내고 있으니, 소비자가 조합의 진정한 주인이다. 협동조합의 취지를 살려 기본적으로 일반 기업처럼 주주의 이익이 아닌 조합원의 이익을 대변하고 있다. 이윤이 나면 조합원의 자산이 되지 어느 자본주나 주주가 이윤을 가져가는 구조가 아니다. 협동조합의 기본 모델이라고 볼 수 있다. 주주의 자본에 의해서 운영되는 대형마트나 일반 기업의 유통 채널과 전혀 다른 형태의 조직이다. 조합원들은 듣기에 불편한 '사랑하는 고객님'이 아니라 진정한 주인이다. 큰 의미에서 내가 운영하는 가게라고 볼 수 있다.

협동조합의 가장 큰 특징은 기후나 환경의 변화로 급등락을 하는 농수산물의 경우에도 1년 내내 일정한 가격을 유지할 수 있다. 그 비법은 가격 변화에 따른 비용을 골고루 부담함으로써 안정적인 공급과 수요가 가능한 것이다. 일례로 2010년 배춧값이 폭등하여 배추 한 포기에 1만 5,000원에 이르자 배추로 만든 김치가 '금치'라고 표현될 정도였다. 그러나 생협인 한살림의 경우는 2,000원대의 평소 가격으로 판매했고, 다음 해 배춧값이 급락하여 300원까지 떨어졌으나 한살림은 평소 가격을 유지하면서 재배 농민들에게 1,000원대로 지급할 수 있었다. 가격에 대한 신뢰를 바탕으로 하고, 생협의 가격안정기금이 이런 역할을 수행하고 있다. 누군가가 이익을 얻으려고 조정하는 가격이 아닌 생산자와 소비자 사이에서 적절한 균형을 이룬 가격이 존재하는 것이다.

일반 유통 업자들은 배춧값이 높아도 이윤을 보고 낮아도 이윤을 본다. 배춧값이 높다고 해서 그들의 마진을 줄이지는 않는다. 오히려 금액적으로는 이윤이 더 남을 수도 있다. 2,000원짜리 배추에 20% 마진을 남기는 것과 15,000원짜리에 20% 마진을 남기는 것은 판매량을 고려하더라도 엄청난 차이가 난다. 언제나 어떤 상황에서도 마진을 잘 챙기는 것을 훌륭하게 경영한다고 생각한다. 주주뿐만 아니라 소비자들도 은연중에 이런 사고에 물들어 있다. 협동조합은 이런 유통업자들의 중간 마진을 제거해서 장기적으로 생산자 소비자 양자에게 이득을 가져다주려는 목적이 있다.

협동조합의 의미는 단순한 가격, 유통비용을 넘어서는 많은 구조적인 의미를 가지고 있다. 소비자들은 처음에는 깨끗하고 시설이 큰 대형마트가 동네에 들어오는 것을 반겼다. 편리하고 싸기 때문에 반대할 이유가 없었다. 그러나 대형마트가 동네에 들어오면서 많은 빵집, 세탁소, 작은 슈퍼, 심지어 분식점까지 사라져 가고 있다.

대형마트는 초기에 시장을 확보하기 위해서 막대한 홍보와 가격할인을 펼친다. 물론 많은 가격 할인은 미끼 상품에 한정되지만, 소비자들이 이를 분별하기가 너무 어렵다. 그래서 소비자들은 점차 동네의 가게에서 대형마트로 소비 중심을 이동하게 되고, 동네가게들은 하나둘씩 사라지게 된다.

이렇게 동네의 빵집, 피자집, 세탁소가 없어지고 나면 대형마트는 독점적 공급 지위를 누리게 된다. 더는 경쟁하지 않아도 되는데 굳이 미친 듯이 할인 행사를 할 필요가 없다. 그리고 가게 운영을 포기한 자영업자들은 저임금의 계약직 자리에 일자리를 잡는다. 대형마트들이 흔히 이를 두고 일자리를 창출했다고 자랑한다. 작지만 사장이었던 이들이 계약직 사원으로 변신하면서 일자리가 창출되었다는 이상한 논리가 적용된다. 서울을 제외한 지방 소도시에서는 상황이 더 복잡하다. 대형마트를 통한 모든 수입과 이윤은 본사인 서울로 향하는 구조이다. 매일 돈을 긁어모아서 서울로 보내는 것이다. 대형 시설이 들어와 지역 경제가 발전할 것이라고 보는 사람들의 뇌 구조가 신기할 따름이다.

대형이면 싸게 공급할 것이라는 것은 싼 것만을 찾는 우리의 세뇌된 의식 구조를 파고드는 것이다. 물건은 싸고 비싸다고 판단하기 전에 먼저 물건을 보아야 한다. 누가 생산했고, 왜 이것을 생산했고, 왜 나는 이것을 사용하려고 하는지 분명한 판단을 내리어야 한다. 그 이후에 싸다 비싸다라는 비교를 해도 늦지 않다. 수입된 농산물과 국산 유기농 농산물을 가격으로 비교할 수는 없다. 그것은 다른 물건이고 다른 가치를 가지고 있다. 미국의 대평원에서 농약으로 범벅이 된 GMO 옥수수와 우리나라 강원도에서 재배된 옥수수는 다른 물건이다. 우리는 싸다는 논리에 너무나 중독되어 있다.

생산자와 소비자가 투명한 정보를 공유해야만 그 가치를 제대로 볼 수 있다. 정당한 가격을 지급해야만 가치 있는 제품이 나온다. 생산자를 대량구매 조건으로 쥐어짜서 나온 제품을 거품이 가득 낀 유통비용을 더해서 구매하는 것은 아닌지 진열대에 손을 뻗기 전에 판단을 해야 한다. 손을 뻗어 카트로 옮겨지는 순간 이미 게임은 종료된다.

자본의 이윤에서 자유로워지려면 자본으로부터 벗어나야 한다. 가장 간단한 방법은 소비자들이 십시일반으로 자본을 모아 협동조합을 만들면 된다. 자본을 중심으로 한 기업과 소비자의 긴장 관계를 같은 방향으로 모으면 간단히 해결할 수 있다. 협동조합의 가장 기본적인 원칙은 조합원 한 명이 의사결정에 있어서 한 표를 행사한다. 자본, 즉 출자금을 얼마나 투입했는가는 의사 결정에 영향을 미치지 않는다. 국민투표처럼 누구나 한 표를 가진다. 일반 기업에서 투자 자본을 기준으로 한 주가 한 표를 행사하는 구조와는 상당히 다르다. 협동조합의 구성원인 조합원이 과도한 이익이 나는 운영을 요구할 이유가 없는 것이다. 조합원은 주인이자 소비자이기 때문이다.

한국도 협동조합기본법이 제정되어 다섯 명만 모이면 누구나 협동조합을 설립할 수 있게 되었다. 이제는 다양한 형태의 협동조합이 태어나고 있다. 신뢰만 쌓인다면 한국은 어느 나라보다 협동조합이 잘 운영될 수 있는 역사적 기반을 가지고 있다. 예로부터 두레, 부조, 계 등으로 한국은 협동조합 체제를 충분히 경험했다. 해방과 전쟁 이후 경제가 급속도로 커 가는 과정에서 과도하게 자본의 성장에 의존하는 과정을 거치면서 우리가 가지고 있던 좋은 기반을 잃어버린 것이다.

과연 주부 L씨는 생협에서 물건을 구매하는 것이 현명한 소비인가? 모든 물건이 다양하게 있는 대형마트와 다르게 생협은 국내산 농산물만 판매를 하기 때문에 비싸게 느껴질 수도 있지만, 제품에 합당한 가격을 지급한다는 점은 분명하다. 그리고 할인하는 물건을 골라 사는 재미는 사라질지 모른다. 생협은 점차 확대되고 대형화되면서 생산자로부터 구매량이 늘어나면서 안정적인 공급과 선택의 폭이 넓어질 것이다. 그렇게 된다면 안전한 먹거리를 의심 없이 구매할 수 있을 것이다. 최소한 제대로 된 가격에 구매를 했는가는 의심할 필요가 없을 것이다. 생산자와 소비자가 서로의 가치를 가장 투명하게 공유할 수 있는 제도이다.

에필로그_
다 같이 행복할 수 있는 사회를 만드는 소비를 바라며

우리는 매 순간 무엇인가를 소비(消費)한다. 생존을 위해서 소비하고, 또 나를 나타내기 위해서도 끊임없이 무엇인가를 소비한다. 이미 수십 년 전 프랑스 철학자이자 문화학자인 장 보드리야르(Jean Baudrillard)가 말했듯이 우리는 소비하면서 존재하고, 소비를 통해서 나를 나타낸다. 옷을 입고, 숨쉬고, 먹고, 마시고, 물건을 사용하고, 우리를 둘러싼 모든 것이 소비를 통해서 이루어진다. 무엇을 구매하고 돈을 지급할 때만 소비를 하는 것이 아니라 실제로는 우리는 유형이든 무형이든 재화를 매 순간 숨 쉬듯이 소비를 한다. 내가 들고 다니는 명품 지갑은 지금도 그 가치를 소비하고 있고, 어디서나 먹을 수 있었던 물도 브랜드별로 사 먹어야 하는 세상이 되었으니 숨 쉬면서 소비하고, 소비하면서 숨을 쉬고 있는 것이다. 그런데 우리는 소비에 대해서 진지하게 생각하지 않는다. 솔직히 그런 교육을 받아본 적이 없다. 그리고 우리는 종종 무언가에 의해서 조종당해서 우리의 의도와 상관없는 무의식적 소비를 하기도 한다. 그렇지만 우리는 누구나 스스로를 합리적인 소비자라고 착각을 한다.

우리는 우리가 생각하는 만큼 합리적인가? 경제학에서는 기본적으로 모든 인간은 합리적 판단과 행동을 한다고 가정한다. 그리고 그 개인의 합리성이 모여서 '보이지 않는 손'을 통한 전체적인 조화가 이루어진다고 본다. 그런데 현실에서 일어나는 거래를 들여다보면 모든 것이 합리적인 것 같지는 않다. 소비자와 생산자는 서로 합리적이고 이성적이라고 철저히 믿고 행동을 하지만, 과연 소비자와 생산자 사이에 상호 합리적인 거래가 가능한 것일까 하는 의문을 가질 수밖에 없다. 누가 좀 더 얻으면 한쪽에서는 그만큼 잃어버리는 제로섬 게임이 우선 떠오른다. 생산자가 조금 더 이익을 가져가면 소비자는 좀 더 높은 가격을 지급해야 한다. 그러면 생산자와 소비자는 영원히 서로 만족할 수 없는 것인가? 어떻게 하면 모든 사람이 행복한 세상을 만들 수 있는가? 이러한 의문이 이 책을 쓰게 한 동기가 되었다.

이 책은 세상 모든 물건의 가치에 대한 관심으로부터 시작되었다. 본질적 가치가 잘 파악되고 그것이 생산자로부터 소비자에게 원활하게 전달된다면 누구나 원하는 충분한 가치를 공유할 수 있고, 행복한 사회가 되고, 자원 이용의 극대화가 이루어질 것이라 생각되었다. 그런데 실물 경제에서 가치를 깊게 들여다볼수록 가치라는 것은 추상적인 논의가 되어 어떻게 표현할지 몰라 안타까웠다. 추상적인 방황에서 현실로 돌아와 보니 소비자들은 가치를 가격이라는 형태로 이해하고 가격을 기준으로 소비하고 있었다. 그런데 같은 상품이라고 하더라도 소비자와 생산자는 가치를 다르게 받아들인다. 결국 소비자와 생산자는 그들의 가치를 기준으로 다른 가격을 설정하려고 한다. 그렇지만 거래가 이루어지기 위해서는 양측의 가격이 만나야 소비가 일어난다.

소비자는 자기가 벌어들인 수입으로 최대한 가치가 있고 합리적인 소비를 하려고 한다. 합리적인 소비라고 이야기하지만 한정된 자원으로 욕망을 최대한 채우려고 한다. 기업은 그들이 생산한 재화의 가치를 최대한 높은 가격으로 판매해 기업의 이익을 극대화하려고 한다. 서로의 욕망과 이익을 극대화하려는 프로세스는 가격이라는 모습을 통해서 이루어진다. 이런 관점에서 가격과 가치는 자본주의 사회를 굴러가게 만드는 두 바퀴로 보인다. 이 두 바퀴가 서로 조화를 이루어 잘 굴러간다면 사회 구성원 누구에나 도움이 될 것이다. 그러나 세상의 모든 것과 마찬가지로 항상 갈등이 존재한다. 가격과 가치, 소비자와 생산자가 잘 조화를 이룬다면 이상적이겠지만 양측은 이익의 극대화를 위해서 노력을 할 것이고, 기업은 높은 가격을 통한 이윤을 추구하고 소비자는 좀 더 낮은 가격에 높은 가치를 추구하기 위해서 팽팽한 긴장 관계를 형성한다. 이런 긴장 관계가 당연한 것이고 각 경제 주체는 최선을 다해서 그들이 유리한 균형점에 도달하려고 할 것이다. 기업과 소비자의 욕망의 불균형은 구조적 괴리이지만, 이는 합리적인 접점으로 수렴되는 지속적인 균형 잡기를 하고 있다.

이런 자본주의 운영의 기본 요소인 가치와 가격을 이해하는 것은 일상생활을 이해하는 데 엄청난 도움이 될 것이다. 기업과 소비자는 상호 선순환 구조를 만들어 내어 합리적 소비와 가치 상승을 통한 동반성장 전략을 창출할 수 있는 기본 토대를 만들어야 한다. 그리고 이러한 선순환은 사회 전체의 가치를 높일 수 있을 것이다.

이 책에서는 일반적인 소비자들을 위해서 현상을 중심으로 사실(facts)을 설명하고, 통찰(insight)을 통하여 긍정적인 제안(proposal)을 하려고 노력했다. 이 책을 읽는 누구라도 사회현상을 재미있게 보고, 이해하고, 가치와 가격을 보는 통찰력이 생겨서, 최소한 힘들여 번 돈을 제대로 소비하는 데 조금이라도 도움이 되었으면 하는 작은 소망을 빌어 본다. 합리적인 경제활동을 통해 생산자와 소비자 모두 행복한 세상을 꿈꾸어 본다. 현실적으로 아직 많은 문제점이 존재하지만 많은 생산자와 소비자가 오늘도 새로운 시도와 혁신을 통하여 좋은 가치를 만들어 나가고 있음을 느낄 수 있었다.

이 책을 집필하면서 이해에 도움이 되는 많은 사례를 다시 찾아보고 분석하려고 노력했다. 부디 한 가지 사례라도 독자에게 절실히 닿아 도움이 되기를 간절히 바란다. 제대로 몰라서 합리적인 소비를 못 하는 소비자가 한 사람이라도 줄어들기를 바란다. 아울러 기업이라면 어떤 가치와 가격 전략이 장기적인 윈-윈 전략이 될 수 있을지 작은 힌트가 되었으면 하는 바람이다.

마케팅에 속지 않는
똑똑한 소비

2016년 7월 27일 1판 1쇄 인쇄
2016년 8월 5일 1판 1쇄 발행

지은이_신동민 / 펴낸이_정영석 / 펴낸곳_마인드북스
주 소_서울시 관악구 국회단지15길 10, 102호
전 화_02-6414-5995 / 팩 스_02-6280-9390
출판등록_제2015-000032호
홈페이지_http://www.mindbooks.co.kr
ⓒ 신동민, 2016

ISBN 978-89-97508-27-3 03320

• 이 책은 저작권법에 의해 보호를 받는 저작물이므로 무단전재와 복제를 금합니다.
• 파본은 구입하신 서점에서 교환해 드립니다.

이 도서의 국립중앙도서관 출판예정도서목록(CIP)은 서지정보유통지원시스템 홈페
이지(http://seoji.nl.go.kr)와 국가자료공동목록시스템(http://www.nl.go.kr/kolisnet)
에서 이용하실 수 있습니다. (CIP제어번호 :2016016684)